D1673510

**Durch Prag
auf den
Spuren
von Mozart**

◀ *St.-Veits-Dom vom Norden*

Bella mia fiamma, addio
Meine schöne Flamme, adieu

ivan koreček

Meiner Gattin Lidunka gewidmet

Meine schöne, liebste Frau,
du weißt, wie ich dich stets gerne habe.
Es geht nichts darüber dich dreißig Jahre
ununterbrochen geliebt zu haben.

3. 6. 2002

© Ivan Koreček, 2002
© Nakladatelství KVARTA, 2002
ISBN 80-86326-33-0

Ledeburgarten

Bertramka-Garten

Der Mann ohne Grab

Der Autor dieses Buches ist weder Musikologe noch Historiker, um so weniger ein Kenner von Mozarts Werk. Über Mozart als Komponist und Musiker wurden bereits unzählige Bücher geschrieben. Wozu also noch dieses weitere Buch?

Es existiert unbestreitbar ein inspirierendes intimes Verhältnis von W. A. Mozart zu Prag und der Prager zu Mozart. Während Wolfgang Amadeus gegen seine Heimatstadt Salzburg von Groll erfüllt war, sollte es nicht sein geliebtes Wien, sondern Prag sein, wo Mozarts künstlerische Laufbahn beim kaiserlichen Hof anlässlich der Krönung von Leopold II. ihren Höhepunkt erreichte.

Es geht vor allem darum, das Prag der zweiten Hälfte des 18. Jahrhunderts in Bildern zu Präsentieren. Literarisch ist es nicht adäquat möglich, dem Leser eine Vorstellung des Milieus zu geben, das Mozart vor Augen hatte.

Den Verfasser interessiert Mozart nicht als musikalisches Genie, sondern als Mensch des 18. Jahrhunderts, der trotz unbestreitbarer musikalischer Begabung und Virtuosität sich nur mühsam den Weg durch die damalige gesellschaftliche Struktur bahnte. Der Autor tritt an Mozart nicht als an einen a priori erfolgreichen Musiker heran (als der er heutzutage angesehen wird), sondern als an einen körperbehinderten und zeit seines Lebens erfolglosen Menschen, was einem heute, wo Mozarts Musik in ganz Prag jahraus, jahrein erklingt, unglaublich erscheint. Bei Mozart ist nicht nur seine Musik einzigartig, sondern auch die Tatsache, dass er ein Mann ohne Grab ist (obwohl er seinerzeit den Reichsten und Vornehmsten so nahe stand).

Biographen halten bis auf den heutigen Tag das „Wunder Mozart" für unerklärlich. Sie unterliegen vor allem der suggestiven Fama, die der habgierige Vater Leopold über seinen Sohn, wo immer er konnte, so intensiv verbreitet hat (und die wir heute aus seinen erhalten gebliebenen Briefen kennen). Die strenge und zielstrebige Erziehung und die übermenschlich intensive Arbeit buchstäblich bis zum Zusammenbruch sind das Wesentliche des Wunders dieses kränklichen, von Kindheit an schwer kranken, wehrlosen und von allen rücksichtslos missbrauchten Menschen, dessen Gesundheit lediglich 35 Jahre durchhielt.

Lesen wir, was der habsüchtige Leopold am 22. 2. 1764 (aus Paris) in einem Zug zu schreiben „imstande war": „...Wolfgang (er war 8 Jahre alt) wurde von plötzlichen Halsschmerzen befallen..., so dass er in Erstickungsgefahr war. Auch das Mädel (die 12-jährige Tochter Maria Anna) wurde von einem Katarrh heimgesucht...Ich hätte auch um mindestens 12 Louisdore mehr, wenn meine Kinder nicht zu Hause bleiben müssten...wissen Sie, was die hiesigen Leute immerzu möchten? Man versucht mich zu überreden, ich sollte meinen Buben gegen die Blattern impfen lassen. Was mich betrifft, so überlasse ich es dem Willen Gottes... ob er... (ihn) erhält oder zu sich beruft." Das einzige, was ihm Leid tut, ist der Verlust der Louisdore.

Am 15.11.1766 schrieb dieser herzlose Geizhals: „...meine Kinder sind an Arbeit gewöhnt. Wenn sie sich den Müßiggang angewöhnen würden..., da würde mein(!) ganzes Gebilde einstürzen." Vater Leopold hat darin vollkommen Recht behalten. Hätte er Rücksicht auf die Gesundheit seines Kindes genommen und nicht die aufreibende Schinderei mit dem Lernen und Komponieren gewesen, gäbe es kein „Wunder Mozart".

Man sollte W. A. Mozart nicht als einen überirdischen Genie huldigen. Verlassen wir die romantische Auffassung von der Not eines Menschen, der keine Autorität hatte und so viel Geld vergeudet hat, das der Mehrzahl seiner Zeitgenossen zu einem doppelt so langen, glücklichen und zufriedenen Leben zur Genüge ausgereicht hätte. Betrachten wir Mozart nicht als Weltmeister unter den Komponisten, der zu Unrecht disqualifiziert worden ist.

Huldigen wir dem Körperbehinderten, der es geschafft hat, seine schwache Gesundheit – und damit auch sein Leben – dem Ideal der Schönheit, der Vollendetheit der Musik zur ewigen Freude der anderen – auch uns – zu opfern.

Ich bitte diejenigen Leser um Entschuldigung, die von meiner allzu zivilen Auffassung des Wundergenies enttäuscht sind. Und umso mehr danke ich allen denjenigen, die den ganzen Text von der ersten bis zur letzten Seite lesen werden.

Ja, diesem Sinne bin ich ganz ergeben,
Das ist der Weisheit letzter Schluss:
Nur der verdient sich Freiheit wie das Leben,
Der täglich sie erobern muss!

J. W. Goethe: Faust

*Gladiator
im Ledeburgarten*

Einleitung

Es war alles ganz anders.

Die Unternehmertätigkeit im Bereich der Unterhaltung (entertainment industry) ist nicht erst im 20. Jahrhundert aufgekommen und sie wurde nicht in den USA erfunden. Die neuen, im 20. Jahrhundert erfundenen Bild- und Tonträger, die neuen Aufnahme-, Übertragungs- und Reproduktionsvorrichtungen haben aus der Unterhaltungsindustrie das einträglichste Fach der menschlichen Tätigkeit ihrer Zeit gemacht. Gleichzeitig haben sie jedoch ein scheinbar logisch undenkbares Problem aufgetischt: über den Sinn dieser Tätigkeit und den Sinn solch einer Unterhaltung.

Man sollte sich dessen bewusst werden, dass die Unterhaltungsindustrie qualitativ nur einen kleinen Teil der Unternehmertätigkeit im Kulturbereich darstellt (die sich bis zur Architektur öffentlicher Gebäude und zur Ausgestaltung öffentlicher Gelände erstreckt), selbst wenn sie die anderen Gebiete der kulturellen Unternehmertätigkeit quantitativ in den Schatten stellen kann. Dieser quantitative Erfolg erweist sich gleichzeitig als ein Missverhältnis, das den Verfall der Kultur resp. der kulturellen Tätigkeit offenbart, deren die ganze Unternehmertätigkeit im Kulturbereich eben wieder nur einen kleinen Teil darstellt. Das konkrete Ergebnis dieser Disproportion ist (und meiner Ansicht nach kann es nicht anders sein) – die „Generation X" (Douglas Coupland), die nach einer sofortigen, stets neuen, überraschenden, noch abwechslungsreicheren Unterhaltung verlangt – aber eine sonst passive, pragmatische und oft zynische Generation.

Den Import der borniertern „Generation X" kann man nicht verhindern, Europa hat aber doch den Vorteil einer gewissen Immunität in den Traditionen des kulturellen Hinterlandes, das der „Generation X" keine geeignete Grundlage bietet. An der Gestaltung dieser kulturellen Basis hatten auch die Personen, von denen dieses Buch handelt, ihren Anteil. Ihr Werk ist also noch immer aktuell.

Moldauwehr, Karlsbrücke und Hradschin

Bella mia fiamma, addio
Die Prager Symphonie

Den Beginn des Unternehmens im Bereich der Musik in Böhmen kann man ganz genau datieren. Franz Anton Graf Sporck (1661–1738) hat in den Jahren 1695 bis 1724 im Nordosten Böhmens am linken Ufer der Elbe einen Gebäudekomplex als Kurzentrum für hochgeborene Patienten gegründet, der Kukus genannt wurde. In den Jahren 1710 bis 1716 wurden hier ein Spital und ein Schloss aufgebaut, in dem sich auch ein Theater befand. In seiner Bauart und Ausstattung übertraf dieser Kurort die zu jener Zeit bereits bekannteren Städte wie Karlsbad oder Spa. Graf Sporck hat da schon damals eine klare Grenze zwischen Kunst und Kitsch gezogen. Am wertvollsten waren drei Skulpturengruppen von dem aus Tirol gebürtigen Matthias Bernhard Braun (1684-1738). Im Park war dann ein von vierzig Zwergen umgrenzter Platz, deren Gesichter jene Aristokraten darstellten, die Graf Sporck hasste.

Im Jahre 1724 gründete Graf Sporck die erste ständige Opernbühne in Prag, in der eine italienische Theatergesellschaft spielte. Zu jener Zeit haben die verschiedenen Sprachen, die tschechische, deutsche oder italienische, die Menschen noch nicht getrennt, sondern im Gegenteil verbunden. Die Opernbühne hielt sich ungefähr 10 Jahre, bis ihr Mäzen (Sponsor und Unternehmer), der das Alter von 70 Jahren überschritten hatte, wahrscheinlich das Interesse an ihr verlor. Es ist interessant, dass Graf Sporck ein erfolgreicher Unternehmer (nicht nur im Unterhaltungsbereich, man muss noch seine Druckerei in Lissa a.d. Elbe erwähnen, die Tausende von Büchern gedruckt hatte) zu einer Zeit war, als die Jesuiten, starke Inquisitoren, sich am Höhepunkt ihres Ruhms befanden und er ihr erklärter Gegner war. Kurz und gut, Geld trägt immer den Sieg über die Ideologie davon.

Obwohl Prag nach dem Jahre 1620 zu einer unbedeutenden Provinzstadt geworden war und durch den Dreißigjährigen Krieg (1618–1648) viel gelitten hatte, war es paradoxerweise das Osmanische Reich, dessen Heer an Wien heranrückte (es wurde hier im Jahre 1683 geschlagen), das bewirkte, dass die vornehmlich in Wien ansässige Aristokratie ein neues Hinterland Reiches sich auszubauen und dort gleichzeitig ihr Kapital in Immobilien anzulegen gezwungen war. Der Wiener Hof traf sogar die Entscheidung, Prag in eine barocke Festung umzubauen. Der Umbau der Burgbefestigung dauerte einige Jahrzehnte. Die Blüte des barocken Aufbaus begann in der zweiten Hälfte des 17. Jahrhunderts – um dann mit erneutem Elan nach der Zerstörung durch den Einfall der preußischen Armee in den Tagen vom 7. 5. bis zum 20. 6. 1757 fortzuschreiten. Prag schuf sich so ein breites kulturelles Hinterland. Davon zeugt z. B. die Weltpremiere der Oper „Constanza e fortezza" (Beständigkeit und Kraft) von J. J. Fux, die anlässlich der Krönung von Karl VI. zum König von Böhmen (5. 9. 1723) in Prag stattfand. Es ist schwer zu sagen, inwiefern die Prager in jener Zeit an Beständigkeit und Kraft interessiert waren, für Musik hatten sie jedoch bestimmt Interesse. Der Altstädter Magistrat hat im Jahre 1738 am Kohlmarkt ein neues Theater „V Kotcích" („In den Marktbuden") eröffnet, das zur ersten öffentlichen Bühne in Prag wurde und die Aufführung anspruchsvoller Opernvorstellungen ermöglichen sollte – (nebst den privaten, zumeist gelegentlichen Vorstellungen in den Adelspalästen). Die erste tschechische Vorstellung – eine Übersetzung des Spiels „Herzog Michal" von J. Ch. Krüger (auf Tschechisch als „Kníže Honzyk") fand jedoch erst nach 33 Jahren, im Dezember 1771 statt.

Karlsbrücke, Lobkowitz-Palais und St.-Georgs-Türme

Kleinseitner Dächer - oben St. Thomas, unten Karlsbrückenturm

Kinsky-Palais und Türme der Teyn-Kirche

Im Altstädter Theater, wie das Theater am Köhlermarkt (oder Kohlmarkt) genannt wurde, ist in Prag die italienische Oper heimlich geworden, die den Erfolg der mozartischen Opern vorzeichnete. Hier spielte die italienische Bondinische Theatergesellschaft mit der viel bewunderten („entzückenden", wie die zeitgenössischen deutschen Zeitungen schrieben) Catarina Bondini. (Man sollte in diesem Zusammenhang erwähnen, wie eng die damaligen ehelichen Bündnisse mit dem Beruf der Eheleute verbunden waren, wie geläufig es war, dass die Ehe von W. A. Mozart von diesem Gesichtspunkt aus atypisch war – siehe weiter.) Im Jahre 1779 hörte das Theater „V Kotcích" zu existieren auf, als die Bondinische Gesellschaft im riesigen Thunschen Palais auf der Kleinseite Obdach fand. (Das heute leider nicht mehr existierende Palais befand sich in der gegenwärtigen „Sněmovní ulice" /Landtagsgasse/. Heutzutage steht da der Palast der politischen Szene, in dem sich die Vorstellungen des Unterhauses des tschechischen Parlaments abspielen, wogegen das Oberhaus seinen Sitz im nahe gelegenen Waldstein-Palais hat.)

Nach der Eröffnung des Nostitz-Theaters ist die Bondinische Theatergesellschaft im Jahre 1783 hinübergewechselt, um dort mitzuwirken. Und es war Bondini, der den Pragern „Die Hochzeit des Figaro" noch in demselben Jahr vorstellte, als Premiere in Wien stattfand (1786). Ein Jahr später sang dann Catarina Bondini die Zerline bei der Premiere des „Don Giovanni".

Die tschechische Gesellschaft konnte zwar besonders während der Regierung von Maria Theresia (1740–1780) über die gewaltsame Germanisierung klagen, die letzten Endes auch noch zur aufgeklärten Regierungszeit Josefs II. (1780–1790) fortgesetzt wurde. Davon zeugt die Tatsache, dass ab 1781 in allen Klassen der drei Prager Gymnasien das Deutsche zur Unterrichtssprache wurde und dass an der Prager Universität am 29.7.1784 eine neue Studienordnung eingeführt wurde, die die Bildungsmöglich-

St.-Nikolaus-Kirche in der Altstadt

Kleinseitner Dächer und Giebel des Palais Lobkowitz

keiten erweiterte, aber an allen Fakultäten die deutsche Sprache als Unterrichtssprache bestimmte. Oder davon, dass von der Verwaltung des Nostitz-Theaters im Feber 1786 tschechische Schauspieler zum 1. März gekündigt wurden. Andererseits wurde jedoch am 5. 1. 1782 die Herausgabe der tschechischen „Prager Postamtszeitung" (Pražské poštovní noviny) wiederaufgenommen, im Jahre 1783 übernahm Karl Ignaz (Karel Hynek) Thám (1763–1816) den Verlag des ersten tschechisch geschriebenen Buches „Obrana jazyka českého" und im Juni 1789 begann Kramerius' „Pražské poštovské noviny" (Kramerius k. k. Postamtszeitung) zu erscheinen, die im Jänner 1791 auf „vlastenecké" (vaterländische) umbenannt wurde. Und schließlich wurde an der Prager Universität durch das Dekret vom 30. 10. 1791 ein Lehrstuhl der tschechischen Sprache und Literatur errichtet, zu dessen erstem Professor František Martin Pelcl (1734–1801) ernannt wurde. Der hatte im Jahre 1774 das grundlegende Werk der tschechischen Aufklärungshistoriographie „Kurzgefasste Geschichte der Böhmen" in deutscher Sprache herausgegeben. Josef Dobrovský (1753–1829) gab in analoger Weise, aber erst im Mai 1792, die „Geschich-te der böhmischen Sprache und Literatur" heraus, und noch im Jahre 1809 das „Ausführliche Lehrgebäude der böhmischen Sprache", in welchem er in deutscher Sprache die grammatischen Grundlagen zur neuzeitlichen tschechischen Schriftsprache schuf. Wie kann man dann über Germanisierung klagen? Es kann einem heutzutage geradezu humorvoll erscheinen, dass die tschechischen Patrioten die Rechtschreibung und ihre Mutter- und Schriftsprache aus dem Deutschen lernten. Allerdings war die Kenntnis der deutschen Sprache eine unerlässliche Voraussetzung für jeden gebildeten Menschen.

Es war gewiss eine schwierige Zeit (ich wollte mit diesem Exkurs nichts anderes sagen) – aber welche Zeit ist nicht schwierig? Die Geschichte der Völker ist gleich groß, ungeachtet der Größe des Volkes.

*Kleinseitner Dächer
mit St.-Niklas-Kirche*

Kleinseitner Dächer

Kleinseitner Paläste

19

Am 7. 6. 1781 wurde am Prager Obstmarkt, direkt an der Mündung in die breite Rittergasse – und in der unmittelbaren Nachbarschaft des Karolinums, des Sitzes der Universität – der Grundstein zum Gebäude des neuen Prager Theaters gelegt, dessen Bau von Franz Anton Graf von Nostitz und Rieneck (+1794), Oberstburggraf des Königreichs Böhmen, finanziert wurde. Obwohl Adeliger tschechischer Herkunft (das Geschlecht stammte aus der Lausitz) – schrieb Graf Nostitz-Rieneck seinen Namen deutsch und konnte sich auch sonst nicht der Germanisierung erwehren (siehe das Repertoire des Theaters). Um seine Stellung, die ihm zurechtzukam, zu behaupten, musste er opportunistisch handeln. Die feierliche Eröffnung fand am 21. 4. 1783 mit dem Schau-spiel „Emilia Galotti" von E. G. Lessing (1729–1781) statt und nach knapp zwei Jahren eröffnete Graf Nostitz die tschechischen Vorstellungen am 20. 1. 1785. Gespielt wurde das Schauspiel „Deserteur aus Kindesliebe" von G. Stephani (jr.) in tschechischer Übersetzung. Zu jener Zeit gab es noch kein ursprüngliches, tschechisch geschriebenes Stück, das für eine große Bühne in einem Steinbau geeignet wäre.

Der reichere Teil der Prager Bevölkerung wurde von der deutschen Minorität gebildet und hatte de facto den größten Einfluss auf das kulturelle Geschehen und das Schulwesen. Die deutsche Oberschicht siedelte vornehmlich in den nach der Schlacht am Weißen Berge beschlagnahmten Häusern und Palästen der ältesten Prager Städte. (++) Die deutsche Mittelschicht wohnte vorwiegend in der Neustadt.

(+) Anmerkung: Da Prag im 20. Jahrhundert als Zentrum der jüdischen Kultur, vor allem deutsch geschriebener Literatur von Weltbedeutung, berühmt geworden ist, muss erwähnt werden, dass die zahlreiche, teils sehr reiche, teils sehr arme jüdische Minderheit im 18. Jahrhundert noch keinen bedeutenden Beitrag zur Entfaltung der Kultur in Prag geleistet hatte.

(++) Anmerkung: Prag war bis zum Jahre 1784 ein Konglomerat von vier selbstständigen Städten: der Prager Altstadt, der Prager Kleinseite, des Hradschins und der Prager Neustadt.

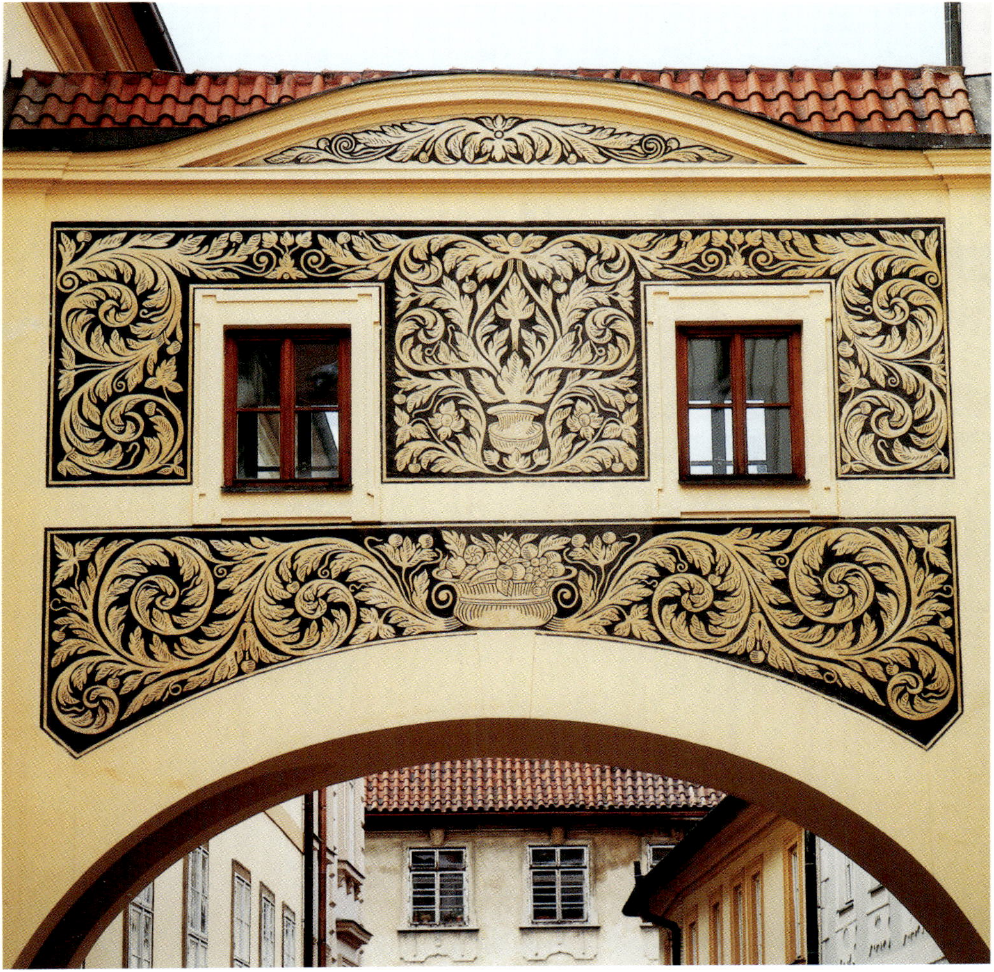

Kinsky-Palais am Altstädter Ring

Darum musste auch das Interesse des Unterhaltungsunternehmers Graf Nostitz für das tschechische Publikum nach 10 Monaten nachlassen, und die tschechischen Schauspieler des Theaters wurden am 1. 12. 1785 gekündigt. Der tschechische Aristokrat hat also in beträchtlicher Weise zur fortschreitenden Germanisierung beigetragen. Dies ist eines der Beispiele, warum die tschechische Gesellschaft ihrem Adel misstraute, ihm allmählich den Rücken kehrte und warum sie nach der Gründung des selbständigen Staates im Jahre 1918 sämtliche Adelsprädikate aufgehoben hat und die Aristokratie durch die Bodenreform wirtschaftlich schwer betroffen und geschwächt hat. Im 20. Jahrhundert hat der tschechische Adel, trotz seinen internationalen Beziehungen insbesondere im deutschen Milieu, bereits überhaupt keine politische Rolle mehr gespielt.

Die entlassen tschechischen Schauspieler haben drei Wochen nach der Kündigung, am 21.12.1785, beim Landesgubernium ein Gesuch um die Bewilligung zur Gründung eines eigenen tschechisch-deutschen Ensembles eingereicht. Sie wussten wahrscheinlich, wo sie spielen würden. Die österreichische Bürokratie arbeitete tadellos und schnell wie immer, ungeachtet der Feiertage, binnen einer Woche wurde das Gesuch am 27. 12. abgelehnt.

Es ist zu bemerken, dass die Kündigungsfrist der tschechischen Schauspieler aus dem Nostitz-Theater großzügig war: volle drei Monate bis zum 1. 3. 1786. Und so führten die tschechischen Schauspieler am 10.1.1786, wie zum Trotz, zwei Wochen nach der Ablehnung ihres Antrags um ein eigenes Ensemble, im Nostitz-Theater das ursprüngliche tschechische historische Drama „Břetislav und Jitka" von Václav Thám (1765–1816) auf. Der arme Unterhaltungsunternehmer! Damals wurde alles – und die Geschichte besonders – politisiert, und so konnte die Verwaltung des Theaters den Ablauf der Kündigungsfrist nicht abwarten und hat nach einem Monat, Anfang Februar, sämtliche tschechische Stücke untersagt. Da hat sich der Herr Unternehmer bei seinen Stammesgenossen etwas eingebrockt! – (Es ist daran zu erinnern,

Ständetheater

dass die Tschechen die nationale Majorität bildeten!) – Die tschechischen Schauspiele sind ins Nostitz-Theater nie zurückgekehrt. Erst nach 38 Jahren, im Mai 1824 zum Ende der Saison, wurden hier wieder regelmäßig tschechische Vorstellungen gegeben, aber da hieß es bereits Ständetheater (durch den Kaufvertrag vom 28. 3. 1799 ist das Theater ins Eigentum des Landesständeausschusses übergegangen).

Man kann sagen die „Provinzstadt Prag", aber der Wiener Hof hat sämtliches Geschehen aufmerksam verfolgt und eine kluge Entscheidung getroffen: Lasst die Bürokratie Bürokratie sein, aber der Kaiser, der ist gütig. Er wartete nicht ab, bis es irgendwo im Reich zu Volksunruhen kam und genehmigte bereits am 6. April 1786 einer Gruppe tschechischer Schauspieler die Veranstaltung regelmäßiger Theatervorstellungen in Prag und in anderen tschechischen Städten. Das „Vaterländische Theater" (Vlastenecké divadlo) nahm am 8.7.1786, also 3 Monate nach der Erteilung der Bewilligung, auf den Schanzen der Stadtmauern

Kinsky-Palais am Altstädter Ring

oberhalb des Wenzelsplatzes (des damaligen Rossmarktes), in einem „Bouda" (Bude) genannten hölzernen Gebäude seine Tätigkeit auf. Es eröffnete, wie es sich für Patrioten geziemt, mit dem Stück „Vděčnost a láska k vlasti" (Dankbarkeit und Heimatliebe). In knapp 7 Monaten erwarb es so viel Prestige, Beliebtheit und Ruhm, dass ihm am 1. 3. 1787 ein kaiserliches Patent für das Privilegium zur Aufführung tschechischer Schauspiele erteilt wurde.

Die Situation am Unterhaltungsmarkt war damals günstig, aber kompliziert: Das Gros des kulturellen Geschehens in Prag ging in deutscher Sprache vonstatten und es ist zu betonen, dass es dem damaligen tschechischen Publikum nichts ausmachte. So sah die Situation aus, als Mozart am 11. Jänner 1787 in Begleitung seiner Gattin Constanze (geb. Weber, 1762–1842) als Gast des Prager Adels und des hiesigen Orchesters in Prag eintraf,

Im Jänner 1787 war Prag von der „Hochzeit des Figaro" besessen. Es war tatsächlich davon erfüllt, die Opernmelodien

Renaissance-Haus im Stupartgässchen

Kirche Maria unter der Kette auf der Kleinseite

wurden für zeitgenössische Tänze bearbeitet, auf den Bällen wurde zu ihnen getanzt, die Leute sangen und spielten sie daheim. Es waren einfach „Schlager" jener Zeit und sind auch Evergreens geblieben. Mozarts Popularität in Prag war auf ihrem Höhepunkt, und er freute sich darüber und schrieb über seinen Erfolg Briefe an Freunde.

Damit kein Irrtum entsteht: „Die Hochzeit des Figaro" war nicht die erste Oper, durch die die Prager Mozarts Bekanntschaft machten. Prag ließ sich traditionsgemäß von Wien inspirieren – sagen wir es geradewegs, es wollte Wien so nah wie möglich kommen, und so wurde 1783, ein Jahr nach der Wiener Premiere, in Prag „Die Entführung aus dem Serail" aufgeführt. In Wien wurde die Oper zuerst mit gemischten Gefühlen aufgenommen, später hatte sie jedoch Erfolg. Ihre Prager Aufführung wird jedoch nicht besonders erwähnt.

Mozart, zuweilen ein guter Geschäftsmann, kam nicht mit leeren Händen an. Er brachte eine neue Symphonie mit, die er die „Prager Symphonie" benannte.

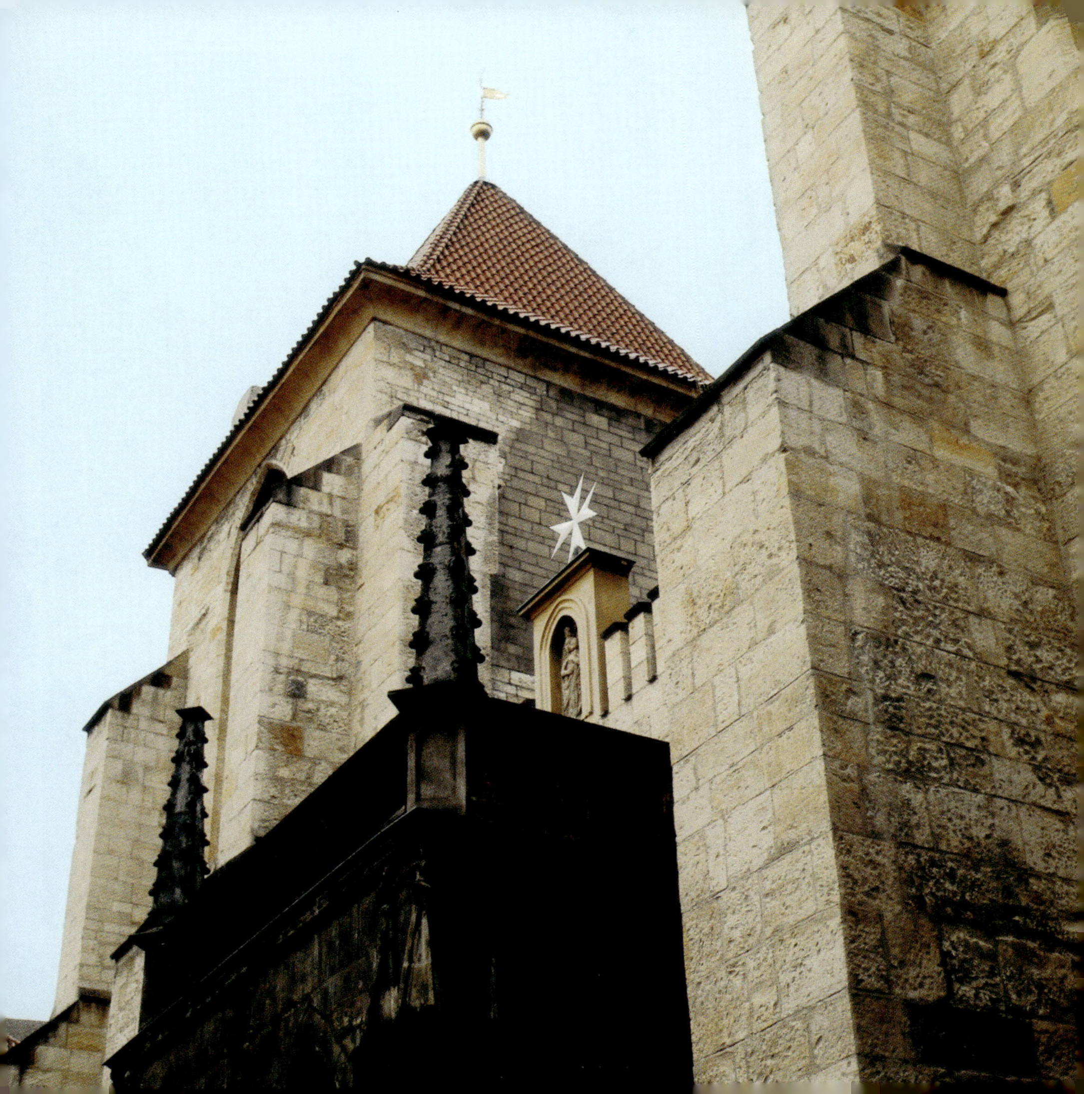

*Haus zur Steinernen Glocke am Altstädter Ring
und Turm der Jakobskirche*

Laubengang am Malteserplatz

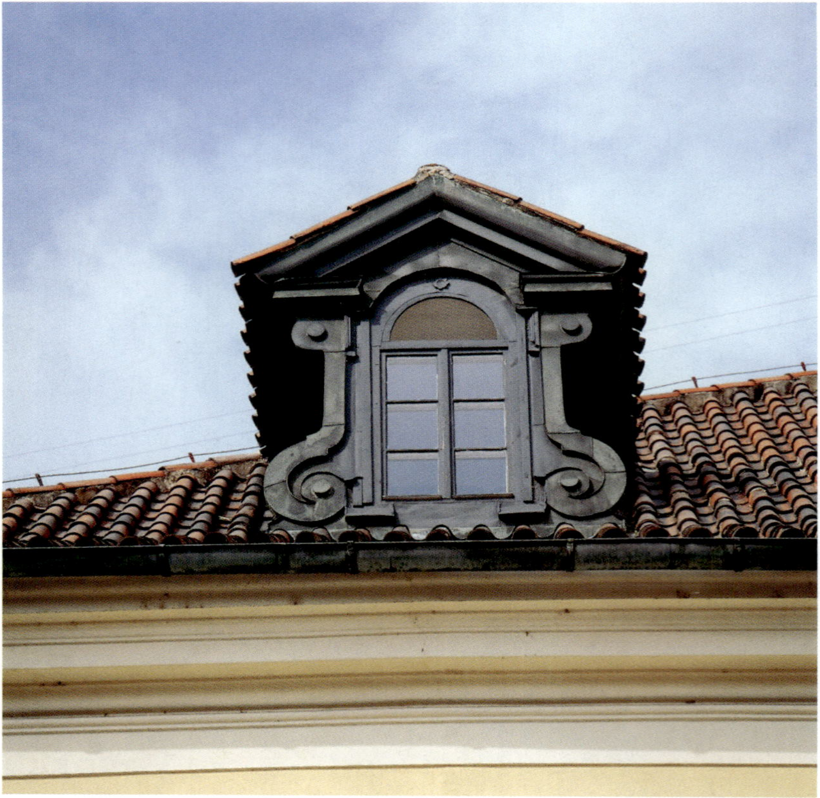

Hauseingang in der Landtagsgasse

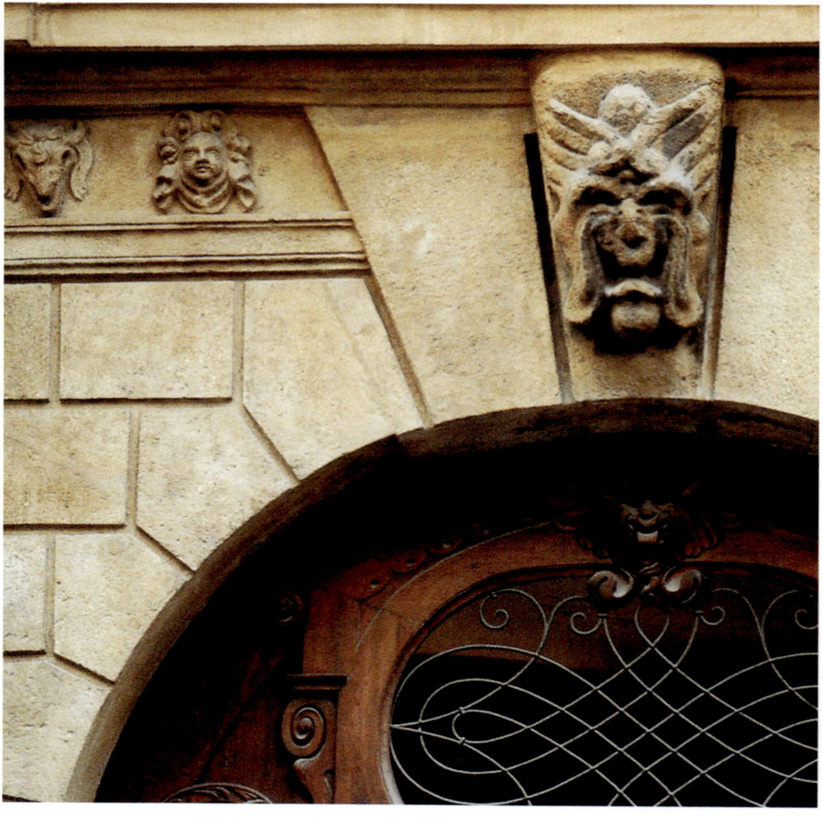

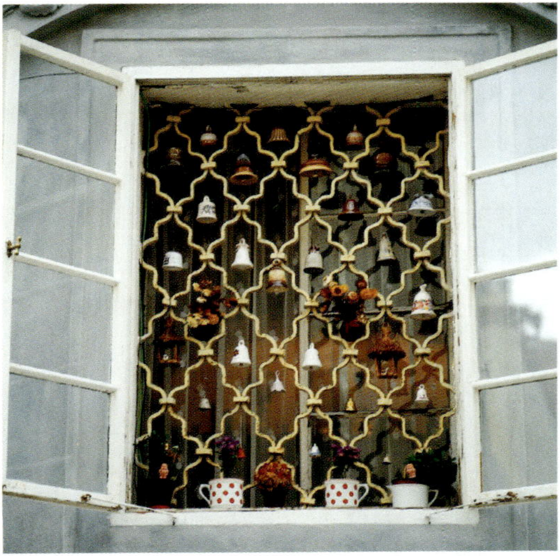

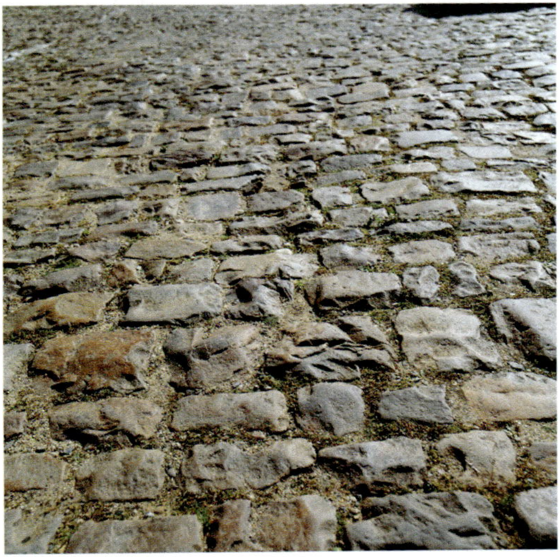

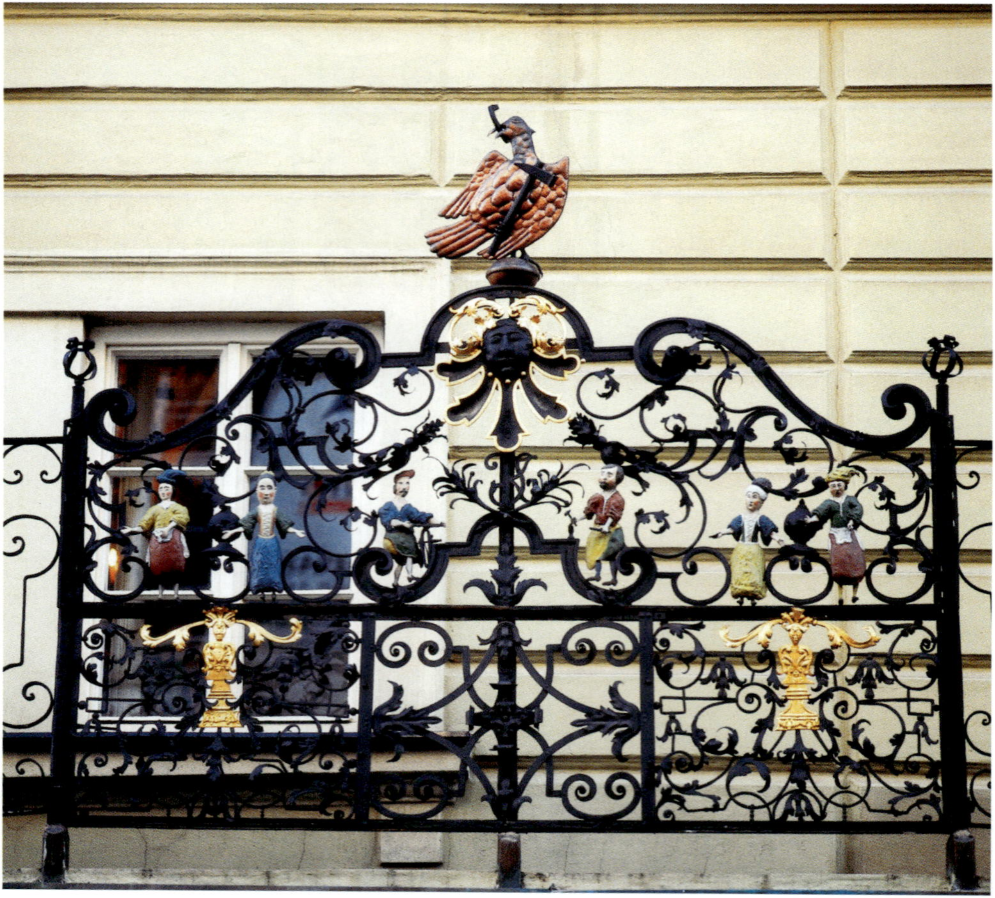

Tor des Waldsteinpalastes

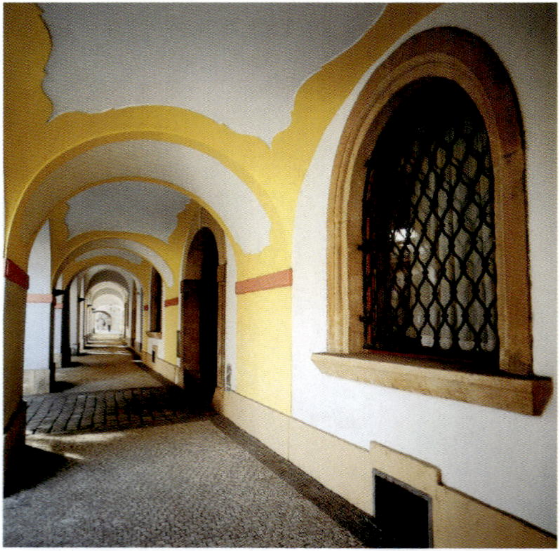

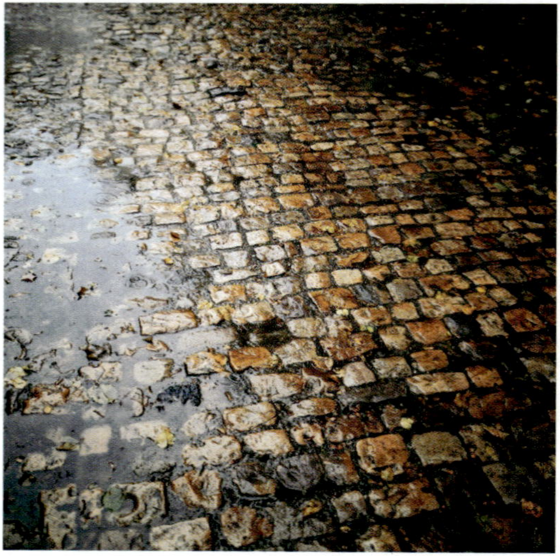

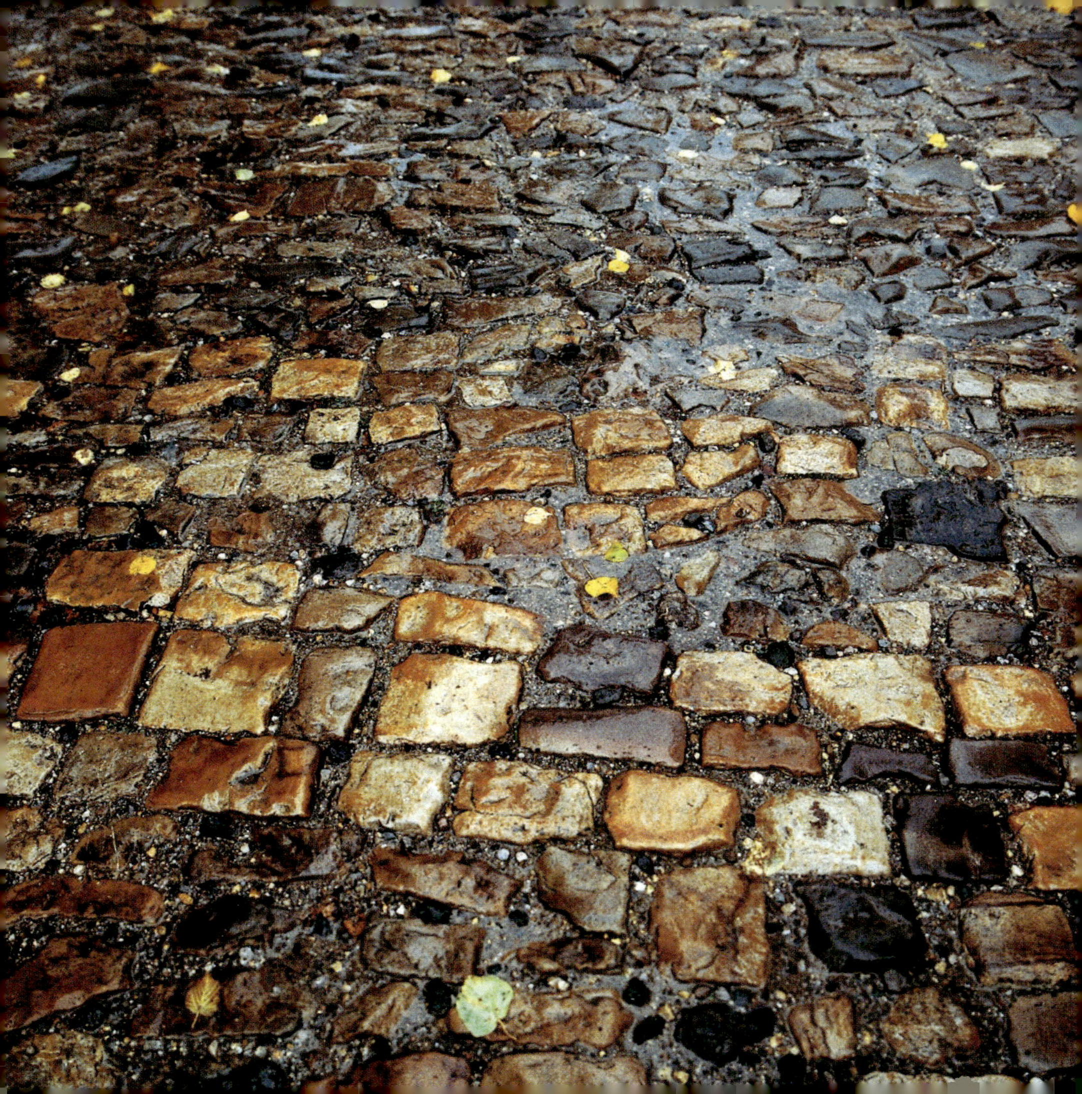

Ständetheater

Bella mia fiamma, addio
Don Giovanni

Das Ansehen, dessen sich Mozart in Prag nach der Aufführung der „Hochzeit des Figaro" erfreute, kann man mit zwei Tatsachen nachweisen. Mozart wohnte bei Johann Josef Graf Thun in der Landtagsgasse in einem der größten Prager Paläste mit zwei Portalen und zwei Höfen. Warum gerade dort? Weil dort seit dem Jahre 1779 (als das Theater „V Kotcích" geschlossen wurde) das Theater des Pasquale Bondini seinen Sitz hatte, ja, jenes Mannes, der Mozarts „Hochzeit des Figaro" mit großem Erfolg im Nostitz-Theater auf die Bühne gebracht hatte. Buchstäblich um die Ecke, oberhalb des ausgedehnten Gebäudekomplexes des bereits ehemaligen Jesuitengymnasiums (+), an der nordwestlichen Ecke des oberen Teils des Kleinseitner Rings, befand sich im Haus „Zum Schwarzen Adler" die Wohnung des Ehepaars Dušek. Mit der Sängerin Josefa Dušková, der Besitzerin des Landgütchens Bertramka, verband die Mozarts schon seit Jahren aus Salzburg eine enge Freundschaft.

(+) Anmerkung: Der Jesuitenorden wurde durch die päpstliche Bulle vom 21. 7. 1773 aufgehoben. Der Prager Erzbischof Anton Peter Graf Příchovský von Příchovice hat die Auflösung des Ordens erst am 1. 10. 1773 bekanntgegeben. Damals hörten auch die Jesuitenschulen auf zu existieren, und das Vermögen des Ordens in der Höhe von mehr als zweieinhalb Millionen Gulden wurde von dem staatlichen Studienfonds übernommen. Im Neustädter Kolleg und Noviziat wurde ein Militärkrankenhaus errichtet. Das bewegliche Gut kam zumeist in die Hände verschiedener Privatpersonen.

Die zweite, sicherlich beachtenswerte Tatsache besteht darin, dass Josef Emanuel Graf Canal de Malabaila (1745–1826) Mozart einen großen Teil seiner Zeit widmete. Der Graf hatte im Jahre 1783 auf seinem Grundstück oberhalb des Rosstors, ursprünglich einem Weinberg, einen der Öffentlichkeit zugänglichen Garten errichtet, in dem sich auch ein Gehöft zur Zucht von Edelwild befand. Für uns sind heute botanische und zoologische Gärten eine Selbstverständlichkeit, zu jener Zeit gab es jedoch wenige Städte, die sich solch einer Anlage rühmen konnten. Dieser gebildete und fortschrittliche Österreicher mit italienischem Namen war Präsident der Vaterländisch-Wirtschaftlichen Gesellschaft in Prag. Ein Österreicher an der Spitze einer tschechischen patriotischen Gesellschaft! Welch eine Verträglichkeit zwischen den Nationalitäten! Welch eine politische Chance hatten die Habsburger, ihr Reich – vielleicht bis auf den heutigen Tag – zu erhalten!

Graf Canal machte den um 11 Jahre jüngeren Mozart mit Prag, dem Prager Leben und sicherlich auch mit bedeutenden Prager Persönlichkeiten bekannt. Er führte Mozart auch zum Ball ins Bretfeldsche Palais an der Ecke des nahe gelegenen Johannishügels (heute in der Neruda-gasse auf der Kleinseite) wo Mozart über die zu den Melodien aus seinem Figaro temperamentvoll tanzenden Menschen vor Freude jubelte. Die „Bretfeldschen Bälle" waren berühmt. Josef von Bretfeld war ein renommierter Gastgeber und bekannter Sammler von Gemälden und Büchern, die meist aus den aufgelösten Jesuitenklöstern stammten, wo jedoch auch die „libri prohibiti" aufbewahrt wurden.

Der Höhepunkt des ersten Besuches von Mozart in Prag war die Vorstellung der „Hochzeit des Figaro" im Nostitz-Theater am 20.

*Seinerzeit Gasthaus am Kohlmarkt,
in dem Mozart 1781 zu Gast war*

Jänner 1787, die der Autor selbst dirigierte. Mozart war mit seinem Besuch sicher zufrieden. Als er am 8.2.1787 nach Wien zurückfuhr, hatte er 1000 Gulden und den Auftrag zu einer neuen Oper für „seine Prager" in der Tasche.

Am 28. Mai 1787 starb in Salzburg Wolfgangs Vater Leopold (geb. 1719), Violinist und Komponist, Autor mehrerer Opern, Oratorien und Symphonien. Wolfgang Amadeus hatte seinen Tod („dieses besten und treuen Freundes der Menschheit", wie er sich ausdrückte) vorausgesehen und sich bemüht, dem Vater mit seinen Briefen Trost zu spenden. Er war jedoch nicht imstande, sich selbst zu trösten, der Vater hatte in seinem Leben allzuviel bedeutet. Die ersten Depressionen sind nicht ausgeblieben, was bei solch einem disziplinierten, fleißigen und submissiven Menschen, zu dem ihn der Vater erzogen hatte, verständlich war. Wolfgang treibt den Teufel durch Beelzebub aus und bemüht sich, seine wunde Seele durchs Komponieren zu heilen. Und gerade um diese Zeit herum ist die „Kleine Nachtmusik", zart und fröhlich, die bei Musikern und Zuhörern beliebteste Serenade, entstanden.

Mozarts psychische Erschütterung ist dessen ungeachtet offensichtlich, und sein zweiter Besuch in Prag drohte ein Fiasko zu werden. Die Uraufführung des „Don Giovanni", war für den 14. Oktober 1787 geplant. Mozart traf Anfang Oktober in Prag ein, aber die Partitur der Oper war noch nicht vollendet. Er nahm im Gasthaus „Zu den Drei Goldenen Löwen" am Kohlmarkt Quartier, am anderen Ende der Rittergasse, an deren Mündung das Nostitz-Theater steht, das Mozart ständig in Sicht hatte. Direkt gegenüber im Plateys wohnte Lorenzo da Ponte (1749–1838), der „seltsame Abbé" – der sich vom jüdischen Glauben losgesagt hatte – der zu jener Zeit ein anerkannter Librettist war und für Mozart die Libretti zu der „Hochzeit des Figaro", „Don Giovanni" und „Cosi fan tutte" geschrieben hatte. Sie konnten sich damals angeblich über die Straße von ihren

Ständetheater

Haus zu den Drei Goldenen Löwen

Fenstern aus miteinander verständigen. Da Ponte ist mit Mozart mitgekommen, um die neue Oper mit dem Theaterensemble einzustudieren, was im 18. Jh. manchmal erhebliche Eingriffe sowohl ins Libretto als auch in die Partitur erforderte. Die Komponisten mussten sich nämlich im Interesse des Erfolgs ihres Werkes einerseits den tatsächlichen Fähigkeiten der Sänger anpassen, andererseits aber auch ihren Wünschen, um ihnen die Möglichkeit zu geben, sich bei der Vorstellung wirklich auszuzeichnen und die Gunst des Publikums für sich – und das Werk des Komponisten – zu gewinnen.

Nur dass gerade zu der Zeit der Direktor der kaiserlichen Oper Antonio Salieri (1750–1825) von seinem dreijährigen(!) Urlaub nach Wien zurückgekehrt war und er seinen Librettisten Da Ponte nach Wien zurückbeorderte (als Direktor hatte er das Recht dazu) und ihm das Libretto zu seiner neuen Oper übertrug. Da Ponte blieben also in Prag lediglich 8 Tage zur Verfügung, die er den Proben zu „Don Giovanni" widmen konnte.

Am Sonntag, dem 14. Oktober 1787, dirigierte Mozart im Nostitz-Theater „Die Hochzeit des Figaro" – die Premiere des „Don Giovanni" war auf den 24. Oktober verschoben worden.

In diesen angespannten Tagen hatte das Ehepaar Dušek Mozart eine helfende Hand gereicht, als sie ihm Ruhe zur Arbeit auf ihrem Landgütchen Bertramka anboten. Die „Bertramka" ist ein Beispiel des neuen Lebensstils der reichen Bourgeoisie und gehört unersetzbar zur barocken Entwicklung Prags. Den Hang mit den Weinbergen hatte gegen Ende des 17. Jhs. der reiche Kleinseitner Brauer Johann Franz Pimskorn gekauft und hat hier, inmitten der Gärten, einen Landsitz gebaut, mit dem er sich etwas bescheidener als diese den Herrensitzen anzunähern bemühte. Aber es ist nicht alles Gold, was glänzt, und so wechselte das Anwesen seine Besitzer, bevor es nach einigen Jahrzehnten in den Besitz des Ehepaars František und Františka (Franz und Franziska) Bertramský von Bertram, also Adeligen,

Bertramka

Renaissance im Stupartgässchen

überging. Die Sängerin Josefina Dušková erwarb das Anwesen mit anliegendem Garten im Jahre 1784 und behielt es 15 Jahre lang bis zum Tode ihres Gatten 1799 in ihrem Besitz. Mozart gelangte so an einen der besten Orte, die er damals in Prag finden konnte. Wolfgangs älterer Sohn Karl Thomas Mozart entsinnt sich noch nach Jahren: „Man passiert das Aujesder Tor und fährt dann noch ungefähr eine viertel Meile die Straße links entlang dem Garten des Grafen Buquoy und rechts am Gasthaus zu Nummer 1 vorbei weiter. Dann biegt man rechts auf einen etwas schmaleren, aber befahrbaren Weg ab und kommt zu einer Kastanienallee, die bis zum Hoftor des Herrengutes führt." Dort hat Mozart angeblich die Oper vollendet.

Hier müssen einige Mythen zurückgewiesen werden. Zunächst: Mozart hat in der Bertramka nicht gewohnt, er hat da immer nur einige Stunden zugebracht. Er wohnte im Hotel „Zu den Drei Goldenen Löwen", weil er tagsüber mit dem Ensemble im Nostitz-Theater am anderen Ende der Rittergasse arbeitete. In die Bertramka hätte er unter Umständen erst nach der Uraufführung für einige Tage übersiedeln können, aber auch das ist nicht wahrscheinlich, denn er hätte dadurch den Kontakt mit jenen Personen verloren, von denen er Aufträge erwartete.

Jemand hat auch die Geschichte ersonnen, Mozart wäre immer nachts zu Fuß von der Bertramka aus über die Karlsbrücke in sein Hotel zurückgegangen – (um, nachdem er sich ausgeschlafen hatte, gleich ins Theater gehen zu können). Doch die Stadttore waren zur Nachtzeit geschlossen! Und verschlossen waren auch die Tore in den Brückentürmen an beiden Enden der Karlsbrücke, denn tagsüber musste man Brückengeld (Maut) zahlen.

Die Premiere wurde vom 24. abermals verschoben und fand am 29. Oktober 1787 unter dem Taktstock des Autors statt. An die Uraufführung knüpft sich eine verschiedentlich abgeänderte Geschichte, die ich lange für eine zu Mozarts größerem Ruhm ersonnene Übertreibung gehalten habe. Aber sie ist leider wahr. Einen Tag vor der (2-mal verschobenen) Premiere war die Ouvertüre noch immer nicht fertig. Mozart schrieb sie erst in der Nacht vor der Uraufführung! Und über diese Nacht existieren zwei Zeugenaussagen, die man für authentisch halten könnte, obwohl sie voneinander abweichen. Mozarts Gattin Constanze gab an, Mozart hätte sie gegen Mitternacht um einen starken Punsch gebeten und hätte dann schnell niedergeschrieben, was er im Kopf bereits fix und fertig hatte. Nach dem Punsch sei er schläfrig geworden und hätte ein wenig gedöst, und sie hätte ihn wecken müssen. Um sieben Uhr früh hätte dann der Notenkopist die vollendete Partitur bekommen.

Die zweite Version gibt an, Mozart hätte am Vorabend der Premiere mit seinen Freunden im Gasthaus (er pflegte angeblich eine Weinstube in der Tempelgasse hinter dem Nostitz-Theater zu besuchen) gezecht und wäre „ungeheuer fröhlich" gewesen. Als ihn angeblich jemand an die Ouvertüre erinnerte, sei er gegen Mitternacht in einen Nebenraum gegangen, und im Morgengrauen (d. h. am 29. Oktober gegen 7 Uhr morgens) wäre die Ouvertüre fertig gewesen.

Beide Versionen haben überraschend übereinstimmende Zeitangaben, nur der „Tatort" ist verschieden. Eine Tatsache überführt Frau Constanze der „barmherzigen Lüge": Sie wohnten in einem Hotel – und wo hätte die aufmerksame Ehefrau zu dieser Nachtzeit im Hotelzimmer einen Punsch brauen sollen?

Für die Ouvertüre ist es ohne Bedeutung, die ist brillant, aber der starke Hang zum Alkohol, über den Mozarts Biographen diskret schweigen, könnte allerlei über Mozarts rätselhaftes Benehmen, Verhalten und Handlungen, wie auch über seine Gemütszustände erklären.

Als die Oper um sieben Uhr abends vor dem vollen Zuschauerraum des Nostitz-Theaters beginnen sollte, haben die

Ständetheater

Musiker die Ouvertüre noch nicht gekannt, und sie warteten auf die Notenblätter. Die wurden angeblich eine Viertelstunde später unter sie verteilt, und das Orchester spielte die Ouvertüre unter der Leitung Mozarts „vom Blatt". Mozart hat es wie folgt kommentiert: „...es ist zwar eine Menge von Noten unter die Pulte gefallen, aber im Großen und Ganzen ist die Ouvertüre ganz gut verlaufen".

Mozart bekannte sich zu keinem seiner Fehler noch zu seinem Anteil an der Verzögerung der Premiere – an allen wäre angeblich das Theaterensemble schuld gewesen. In einem Brief an einen Freund schrieb er, das Prager Ensemble hätte weniger Erfahrung als dasjenige in Wien und wäre nicht imstande, die Oper so schnell einzustudieren, wobei bis zu Mozarts Ankunft in Prag noch keine Vorbereitungen begonnen hätten (wie hätte dem so sein können, wo doch in Prag niemand die Partitur kannte?) – und den zweiten Aufschub der Uraufführung hätte die Erkrankung einer Sängerin verursacht.

Der „Don Giovanni" wurde mit Begeisterung aufgenommen und hatte in Prag einen sofortigen Erfolg. In Wien wurde „Don Giovanni" erst am 7.5.1788 aufgenommen. Es ist also anzunehmen, dass Mozarts Äußerung „meine Prager verstehen mich" authentisch ist.

Sofort nach der Prager Premiere fuhr Mozart in Begleitung von Frau Josefina Dušková zum Kloster Strahov hinauf, wo er in der Abteikirche Mariä Himmelfahrt die Orgel spielte. Wozu solch eine Eile gleich nach der glorreichen Premiere? Warum wartete Mozart nicht eine offiziellere Gelegenheit an, z. B. eine feierliche Messe? Das Strahover Kloster des Prämonstratenserordens durchlebte in der Zeit eine Blüteperiode. Ein neuer südlicher Flügel des Stifts war zur Unterbringung der wertvollen Bibliothek, der größten Klosterbibliothek in den böhmischen Ländern, angebaut worden. Die Orgel war im Jahre 1784 ebenfalls umgebaut worden, und die Prämonstratenser waren hinrei-

*Haus zum Schwarzen Adler am Kleinseitner Ring,
in dem das Ehepaar Dušek wohnte*

FRANCISCUS ANTONIUS
S.R.I. COMES DE NOSTITZ-RIENEK
FUNDAVIT
A.D. MDCCLXXXI.

Ständetheater

chend mit Gütern gesegnet, um die größte und modernste Orgel nicht nur in Prag, sondern auch weit jenseits der Grenze Böhmens, ein außerordentlich kostbares Instrument bauen lassen zu können. Und Mozart, ein Orgelvirtuose, war danach begierig, dieses Instrument spielen zu können. Er wollte es kennen lernen, war ungeduldig und hektisch wie immer, und er war daran gewöhnt, Nächte durchzuwachen. Der lokale Regenschori hat Mozarts Spiel sofort notiert, und so sind die „Strahover Variationen" entstanden, aus denen zu erkennen ist, dass sich Mozart darauf konzentrierte, was man heutzutage die „technischen Parameter des Instruments" nennen würde. Er wollte ausprobieren, was für eine Fontäne von Tönen man hier, in der herrlichen Akustik der großen Kirche, herausbringen kann. Schade, dass damals niemand die Idee bekam, bei Mozart die Komposition einer Messe zu bestellen, die eben für die technischen Möglichkeiten dieses Instruments geeignet wäre.

Frau Josefina Dušková (1754–1824) gab indessen dem berühmten Komponisten keine Ruhe. Mozart war damals einunddreißig, seine Gastgeberin dreiunddreißig und ihr Mann Franz Xaver Dušek (1731–1799) bereits sechsundfünfzig Jahre alt, also war er für diese Zeit schon ein ehrwürdiger Greis. Die Ehe der Dušeks war eine Berufsehe. Sie war eine ausgezeichnete Konzertsängerin-Sopranistin, er Komponist, Pianist und Musikpädagoge, also nicht ein bloßer Musiklehrer, sondern auch Autor eines Lehrbuches. Für Spaßvögel, die nicht über die Mauer der Bertramka sehen konnten, waren in diesem Spiel die Karten für ein Dreieckverhältnis ausgeteilt, was Mozart selbst indirekt bestätigte, als er für Josefine die Sonate mit dem vielsagenden Titel „Bella mia fiamma, addio" – „Meine schöne Flamme, adieu", datiert auf den 3. 11. 1787, schrieb.

Es war allerdings ganz anders. Josefina Dušková (1754–1824) wurde dem tschechischen, aus Sušice (Schüttenhofen) stammenden Apotheker Hambacher und seiner Frau Marie Domenica, der

Ständetheater

*Orgel in der Abteikirche
der Mariä Himmelfahrt am Strahov*

Tochter des vermögenden Salzburger Kaufmanns Johann Anton Weiser, geboren. Im Alter von dreiundzwanzig Jahren heiratete sie den 43-jährigen aus dem ostböhmischen Chotěborky bei Jaroměř gebürtigen Franz Xaver Dušek (1731-1799), mit dem sie im Jahre 1777 nach Salzburg auf Hochzeitsreise fuhr. Dort hatten si auch die Bekanntschaft der Mozarts gemacht, und Leopold Mozart hatte für sie die Arie „Ah, lo previdi" geschrieben. Im Jahre 1780 hatte Josefina Dušková ihn dringend um eine neue Arie gebeten, deren Text sie ihm nach Salzburg schickte. Leopold legte wieder seinen Minderwertigkeitskoplex - Eigendünkel, Argwohn und das Gefühl, unterschätzt zu werden, an den Tag. Er nahm an, die Dušková hätte sich nur deshalb an ihn gewandt, weil der tschechische Komponist L. A. Koželuh, der nach Wien übersiedelt war, nicht mehr in Prag weilte. – (Als ob die Dušková ihre Bitte nicht hätte ebenso gut nach Wien wie nach Salzburg schicken können!) – Und so „hat er ihr gleich in aller Höflichkeit ausführlich erklärt", warum er ihren Wunsch nicht so schnell erfüllen kann, und Frau Dušková würde eben warten müssen.

In einem hatte jedoch Leopold offensichtlich recht, und er konnte sich gekränkt fühlen, denn auch er hatte warten müssen: Frau Dušková fasste den Begriff Freundschaft etwas zu familiär auf und hatte Leopold das Autorenhonorar für die erste Arie noch nicht bezahlt – (so ein Pech: ausgerechnet Leopold!). Und es besteht kein Zweifel, dass Koželuh in Wien mehr verlangte als in Prag – oder Mozart in Salzburg.

Und da wird einem klar, warum die Dušková Wolfgang während seines Aufenthalts in Prag solch eine Zuneigung und Fürsorge gewährte. Ne cherchez pas la femm, cherchez de l' argent!

Es genügt dann, im Museum Bertramka aufmerksam ins Antlitz des Porträts der Frau Dušková zu blicken. Sie war der Prototyp einer tschechischen Frau: von stattlicher, vollschlanker

*Inneres der Abteikirche
der Mariä Himmelfahrt am Strahov*

Gestalt, das Gesicht mit weichen Zügen, der Ausdruck ihrer Augen stets freundlich und verständnisvoll. Ein ausgesprochen mütterlicher Typ (obwohl kinderlos), betonte sie in der Kleidung auf keine Weise ihre Gestalt. Was hätte sie sonst an dem kleinen, schwachen Mann mit dem pockennarbigen Gesicht fesseln können als alte Freundschaft?

Man muss sich vergegenwärtigen, dass zu jener Zeit keine Evergreens existierten. Die zu einem bestimmten Anlass geschriebenen Kompositionen wurden anlässlich einer ähnlichen Gelegenheit – (z.B. kirchlicher Feiertage) – nicht wieder gespielt, und es wurden neue Kompositionen geschrieben. Viele Komponisten waren darum nicht gewohnt, schriftliche Aufzeichnungen ihrer kleineren Musikstücke zu machen, oder sie schrieben nur abschnittsweise Parts für die einzelnen Stimmen auf, aus denen die Gesamtheit der Komposition nicht zu ersehen war – (de facto eine Notwehr gegen Diebstahl, da kein Schutz des Urheberrechts existierte). Deshalb brauchte eine Sängerin, die Erfolg haben und die Gunst des Publikums nicht verlieren wollte, ständig neue und neue Musikstücke von den besten Komponisten. Frau Dušková war keine Ausnahme.

Wolfgangs älterer Sohn Karl Thomas Mozart schilderte die Entstehung der Sonate wie folgt: Frau Dušková unterbreitete Mozart den Text der „Bella mia fiamma, addio" und bat ihn, den Text für sie zu vertonen. Obwohl in der Literatur angegeben wird, dass Mozart von Kindheit an imstande war, auf Wunsch sofort jedes beliebige Musikstück zu komponieren, schickte er sich diesmal nicht dazu an. Warum? War es Überanstrengung von der hektischen Fertigstellung des „Don Giovanni" oder eine Indisposition (Depression infolge des Todes des Vaters), die bereits beim Komponieren der Oper auf ihn eingewirkt hatte? Zum Glück war der Grund viel einfacher: Der Wein aus den umliegenden Weingärten war schmackhaft, sehr wohlschmeckend, und die Kost war wohl auch gut. Zumal beides umsonst war. Es war vermutlich die einzige Zeit, wo der Sohn auf Rechnung des Vaters lebte (er verzehrte seine unbezahlten Honorare) – denn der Vater hatte seit Wolfgangs sechstem Lebensjahr auf Rechnung des Sohnes gelebt. Wolfgang verzehrte allerdings auch sein eigenes Honorar (und er war nicht billig, also wozu eilen?) – da er von seiner Gastgeberin sicherlich kein Geld für seine Komposition erwarten konnte.

Es war also tatsächlich ganz anders: Es war nicht Mozart, der von der schönen und erfolgreichen Frau Abschied nahm, sondern Frau Josefina, die ihrem Gast Lebewohl sagte – als ob sie inmitten all dieses Ruhms das traurige Ende ahnen würde.

Um nichts über Mozarts Empfang in Prag selbst auszulassen: keine Unterkunft in einem Adelspalast, keine Begleitung des Grafen Canal – und kein Auftrag für eine weitere Oper. Und darüber hinaus noch das Zechen in Gasthäusern, so diametral entgegengesetzt zu Mozarts ewiger Sehnsucht nach dem Luxus der prunkvollen Paläste – aber dazu kommen wir noch.

Mozart schildert es allerdings anders: „Man gibt sich hier alle erdenkliche Mühe mich zu überreden, ich sollte noch einige Monate hier bleiben und noch eine Oper schreiben – aber so schmeichelhaft das Angebot für mich ist, kann ich es nicht abnehmen", schreibt er am 4. 11. 1787 aus Prag an G. Jacquin (1767–1792), er erwähnt jedoch nicht, warum er es nicht annehmen kann. Er lechzte doch geradezu nach Opernaufträgen. Er verließ Prag Mitte November. Es besteht kein Zweifel, dass er hier nichts mehr zu tun hatte – und Constanze war im achten Monat schwanger.

Es folgt ein fast vierjähriger Zeitabschnitt des Abbruchs der Beziehungen zwischen Mozart und Prag. Ja, auch Genies haben es nicht leicht.

Am 10. April 1789 ist Mozart (zum dritten Mal) auf der Durchreise nach Deutschland zum Hofe des preußischen Königs Friedrich Wilhelm II. in Prag erschienen. Er kehrte für eine Nacht im Gasthaus „Zum Goldenen Einhorn" am Malteserplatz auf der Kleinseite ein. Am nächsten Tag besuchte er lediglich F. X. Dušek – (Josefina war am vorangehenden Tag nach Dresden abgereist) – den er beim Mittagessen bei einem gewissen Herrn

Leliborn antraf, wohin er sich ebenfalls einladen ließ. Er setzte dann seine Reise um 9 Uhr abends fort – (schon damals sparte man die Übernachtungskosten, indem man über Nacht reiste). Ja, auch Genies haben es nicht leicht.

Bertramka

*Haus zum Weißen
Einhorn am Altstädter
Ring – Geburtshaus von
Josefina Dušková*

*Haus zu den Drei Goldenen Löwen
am Kohlmarkt*

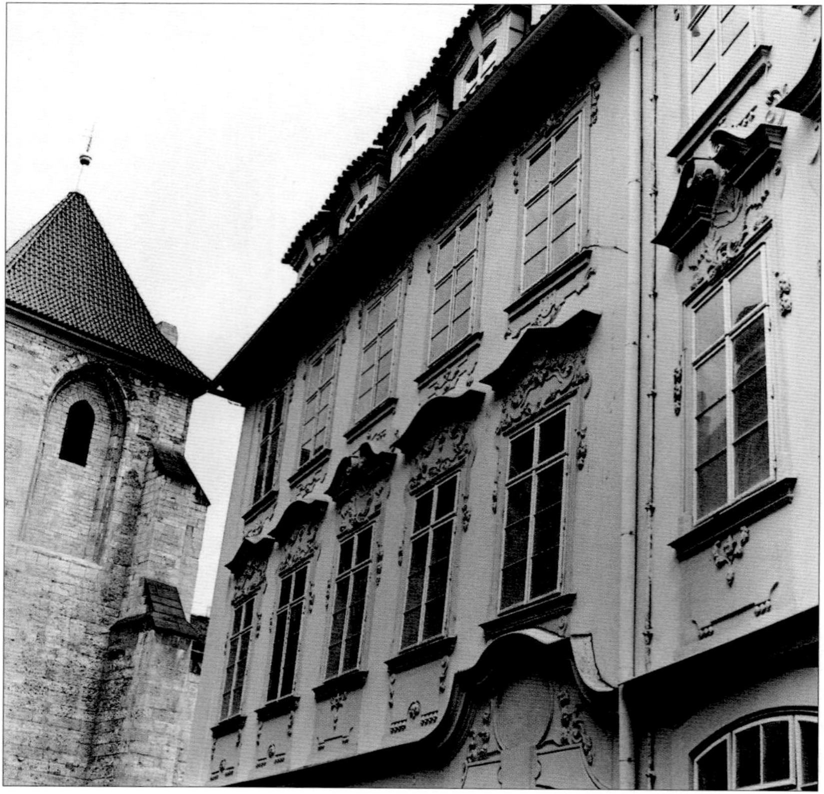

Hirschgraben unter der Prager Burg

Inneres des Pachta-Palais in der Silbernen Gasse auf der Kleinseite

Ausschmückung der Karlsbrücke

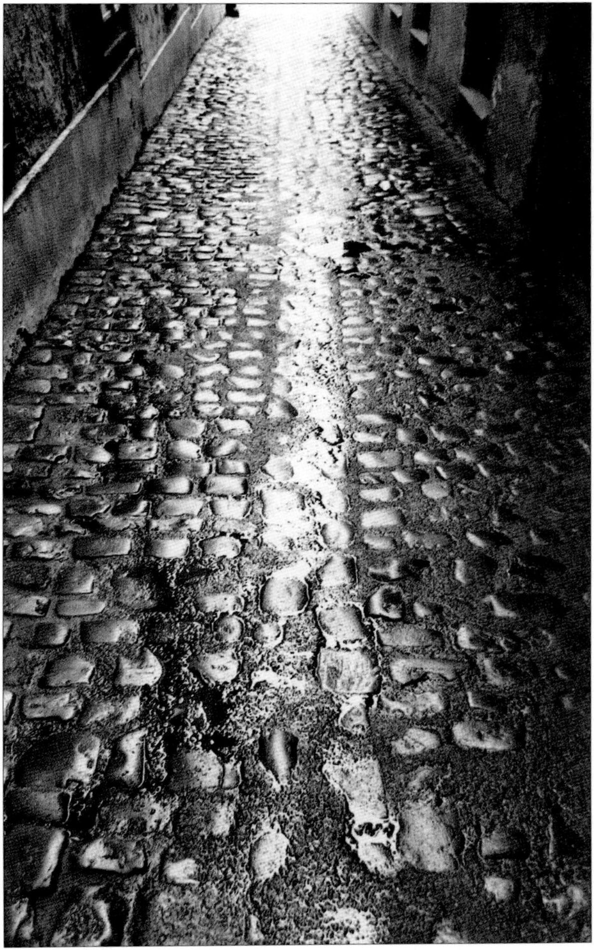

Anna=|Náměstí
platz. |u S. Anny.
188, 203, 209 bis 211.

Bertramka

Ständetheater

Bertramka

Bella mia fiamma, addio
Die Zauberflöte

Große Kunst ist große Kunst, darüber besteht kein Zweifel – aber das an sich macht noch keinen großen Künstler. Ein großer Künstler muss – (und vielleicht in erster Linie) ein guter Businessman sein, und zwar in direkter Proportion – je besser der Geschäftsmann, desto größer der Künstler. Die Kunst selbst ist eine andere Sache. Das ist keine „Erfindung" unserer Konsumgesellschaft, dies wusste (zum Glück) auch Leopold Mozart sehr gut. Ohne die Konsumgesellschaft des 18. Jhs. gäbe es keinen Wolfgang Amadeus Mozart.

Wolfgang Theophil (Amadeus) wurde am 27. 1. 1756 als siebentes Kind des Ehepaars Leopold und Anna Maria Mozart in Salzburg geboren. Fünf Geschwister waren bereits vor seiner Geburt gestorben, es lebte lediglich die vierjährige Maria Anna, die Nannerl genannt wurde.

Das Land Salzburg war zu jener Zeit ein selbständiges Staatsgebilde – ein vom katholischen Erzbischof regiertes kirchliches Fürstentum. Leopold Mozart, gebürtig aus Augsburg, war erzbischöflicher Hofviolinist und ein sehr guter Hofkomponist, also hatte er eine „gesicherte Existenz", allerdings mit einem sehr niedrigen Jahreseinkommen von nur 350 Gulden.

Doch auch der kleine Wolfgang war dem Tode nahe – seine Mutter konnte ihn nicht stillen, und der Vater hatte kein Geld für eine Amme. Man fütterte ihn also mit Gerstenbrühe und Haferflockensuppe, einer damals in solchen Fällen üblichen Kost, bei der jedoch viele Kinder starben. Wolfgang überlebte, war aber kränklich und in der körperlichen Entwicklung zurückgeblieben.

Der Kleine war Tag für Tag einige Stunden lang von der Musik seines Vaters und dessen Kollegen umgeben. Wenn er den „Papa" spielen wollte, beschäftigte er sich mit Musikinstrumenten. Auch sein Schwesterchen Nannerl war musikalisch begabt, und als der Vater bei dem dreijährigen Sohn ebenfalls ein sogar außerordentliches musikalisches Talent entdeckte, fällte er über Wolfgang das Urteil als dem „Wunder, das Gott in Salzburg das Licht der Welt erblicken ließ". Er begann eine merkwürdige Philosophie um sich zu verbreiten: Über „die Pflicht gegenüber Gott, die Welt über dieses Wunder in Kenntnis zu setzen", womit er das wehrlose Kind mit dem Fluch qualvoller, in Depressionen mündender Stresse belegte, die Wolfgang sein Leben lang nicht los wurde.

Leopold ging von einer sehr einfachen Überlegung aus: Salzburg ist eine allzu kleine und arme Stadt, um einem begabten Musiker zu ermöglichen, sein Talent voll zu entfalten und mit irdischen Gütern belohnt zu werden. Dazu sind kaiserliche Höfe erforderlich. Und so, wiederum durch einfaches Kalkül, sollte Wolfgangs Weg zunächst nach Wien führen. Leider war Leopold ein krankhaft ehrgeiziger Mensch und kannte keine Grenzen.

Man muss sich vergegenwärtigen, dass es damals als selbstverständliche Pflicht der Kinder angesehen wurde – (angeblich laut Evangelium) – den Eltern bei der Versorgung der Familie entsprechend ihren Fähigkeiten und Möglichkeiten zu helfen (auf dem Land hüteten sie das Vieh, sammelten Ähren u.Ä.) – und die Eltern unter Umständen auch zu erhalten. Leopold hat es ja zeit seines Lebens Wolfgang an den Kopf geworfen: „Zweck Deiner Reise war... Deine Eltern zu entlasten und Deiner Schwester auszuhelfen" – und zum Schluss wiederum: „Du musst vor allem aus vollem Herzen des Wohls Deiner Eltern gedenken, sonst gehst Du Deiner Seele verlustig", schrieb er ihm z.B. am 12. 2. 1778.

Bertramka

Leopold war ein sparsamer Mensch. Auch wenn 350 Gulden für Salzburg nicht wenig waren – (ein Lehrer verdiente 22 Gulden im Jahr, allerdings mit weiteren Bezügen, ein Universitätsprofessor 300 Gulden jährlich, für 1 Gulden konnte man 60 Eier oder 5 kg Rindfleisch kaufen) – Leopold gab sich damit nicht zufrieden. Nicht, dass er mit dem Geld nicht ausgekommen wäre, aber seine gesellschaftliche Stellung war dienstbar und niedrig. „Du weißt sehr gut, wie wir in Salzburg unterdrückt werden, Du kennst meine schlechten Verhältnisse" (aus einem Brief an den Sohn vom 12. 2. 1778). Das „Wunderkind" war sein Kapital und musste Geld einbringen. Er erwartete einen größeren Erfolg – und Einkünfte, als er durch eigene Arbeit erzielt hätte.

Das „Wunderkind" war jedoch nicht seine Erfindung. Da gab es z.B. in Biberach das „schwäbische Wunderkind", Josef Bachmann, mit dem Wolfgang in den Wettbewerb im Orgelspiel trat. Bachmann brachte es schließlich zu einem durchschnittlichen Organisten und Komponisten. Ein anderes gleichaltriges „Wunderkind", mit dem Wolfgang zusammentraf, war der Engländer Thomas Linley. Ihnen war Leopold Mozart mit seiner Familie zahlenmäßig überlegen, denn er hatte gleich zwei Wunderkinder: die ältere Tochter und den jüngeren Sohn. Ihr gemeinsames Spiel war konkurrenzlos."

Wie kommt es jedoch, dass Wolfgang Amadeus bis zu seinem Tod – und eigentlich auch nachher – ein Wunder blieb? Dafür gibt es eine einfache Erklärung: Die unmenschliche Schinderei, der er vonseiten Leopolds ausgesetzt war. – (Ein moderner Psychologe könnte vielleicht Leopold der „Gehirnwäsche" bezichtigen, als er seinen Kindern nicht erlaubte, sich mit etwas anderem als Musik zu beschäftigen, sie durften nichts anderes im Kopf haben). Es gelang ihm, die Musik für beide Kinder (auch fürs Nannerl) zu einem interessanten Spiel zu machen. Brigitte

Hamann schreibt: „Kaum jemals wurde ein Komponist in seiner Kindheit so liebevoll und gleichzeitig mit solch einer Sachkenntnis in die Musik eingeführt, wie Wolfgang Mozart von seinem Vater". Liebevoll, aber mit strenger deutscher Disziplin: „Nach Gott kommt gleich der Papa", hatte er Wolfgang zu sagen (und zu denken) beigebracht. Letzten Endes war viel Wahres daran: Die Kinder brachten damals die Kindheit nicht in der Schule zu, und es war der Vater, der ihnen das Lesen, Schreiben, Rechnen, das Klavier- und Geigenspiel, das Italienisch und Französisch und Wolfgang zuletzt auch das Komponieren beigebracht hat.

Als Wolfgang sechs und das Nannerl zehn Jahre alt waren, kam Leopold zu dem Entschluss, dass es an der Zeit wäre, in die Welt aufzubrechen. Die erste Probereise führte im Frühling 1762 nach München. Das Konzert am Hofe des Kurfürsten Maximilian III. Josef hatte Erfolg . Und so begann im September desselben Jahres der Feldzug in Richtung Wien. Sie „eroberten" mit erfolgreichen Konzerten Passau und Linz und trafen am 6. Oktober 1762 in Wien ein. Der Vater hielt einen Erfolg am kaiserlichen Hof für die Pforte zum Himmel: Sie würden berühmt werden und viel Geld verdienen.

Der ersehnte Augenblick kam am 13. Oktober 1762, als die Kinder im Spiegelsaal des Schlosses Schönbrunn der zahlreichen kaiserlichen Familie ihre Kunst vorführten – (Klavierspiel Solo und zu vier Händen, Wolfgang spielte dann Violine und sang, wozu ihn das Nannerl am Klavier begleitete). Außer dem Honorar von hundert Dukaten (d.i. 420 Gulden, also mehr als Leopolds Jahreseinkommen in Salzburg) bekamen die Kinder noch prächtige, allerdings von den kaiserlichen Kindern abgelegte Kleider. Vater Leopold versäumte es nicht, die Kinder in diesen Kleidern porträtieren zu lassen – so denkwürdig war jener Besuch von Schönbrunn!

Noch an demselben Abend mussten sie ein zweites Konzert in einem der Adelspaläste absolvieren. Weitere sechs Dukaten, also weitere 25 Gulden in einem Tag. Leopold strahlte – er hatte sich nicht geirrt! Es kamen weitere Einladungen, oft waren es zwei Konzerte in einem Tag. Die Kinder wurden in bequemen Kutschen mit livrierten Dienern hingebracht, lernten die luxuriösesten Paläste kennen und sich in vornehmer Gesellschaft zu bewegen. Wolfgang war von der Pracht und der Bewunderung, die ihm von der vornehmen Gesellschaft zuteil wurde, geblendet. Er sehnte sich dann sein Leben lang nach solchem Luxus und derartiger Bewunderung, was ihm in schlechtem und in gutem Sinn zum Verhängnis wurde. Im schlechten insoweit, dass er es nie erreichte, im Guten insoweit, als es ihn zur Schaffung eines so schönen und umfangreichen Werkes antrieb.

Vor dem zweiten Konzert in Schönbrunn klagte Wolfgang über Kopfschmerzen. Leopold nahm es jedoch nicht allzu ernst, und so kehrte Wolfgang mit Fieber und schmerzhaften Hautflecken vom Konzert zurück. Es war Scharlach. Zwei Wochen lang lag er schwach, mit Schmerzen und hohem Fieber im Bett. Die Konzerte mussten abgesagt werden – und als Wolfgang wieder aufstehen durfte, war Wien bereits in andere Feste und Vergnügungen vertieft. Das Interesse für die Sensation der „Wunderkinder" ist ebenso schnell verschwunden, wie es aufgekommen war. Überdies begann sich in Wien auch noch die Angst vor den Blattern zu verbreiten. Den Mozarts blieb nichts anderes übrig, als nach Salzburg zurückzukehren. Es war der Anfang des Jahres 1763.

Daheim wurde Wolfgang abermals krank: Schmerzen in den Fingern, Fieber – Gelenkrheumatismus, für einen Musikvirtuosen geradezu eine Katastrophe.

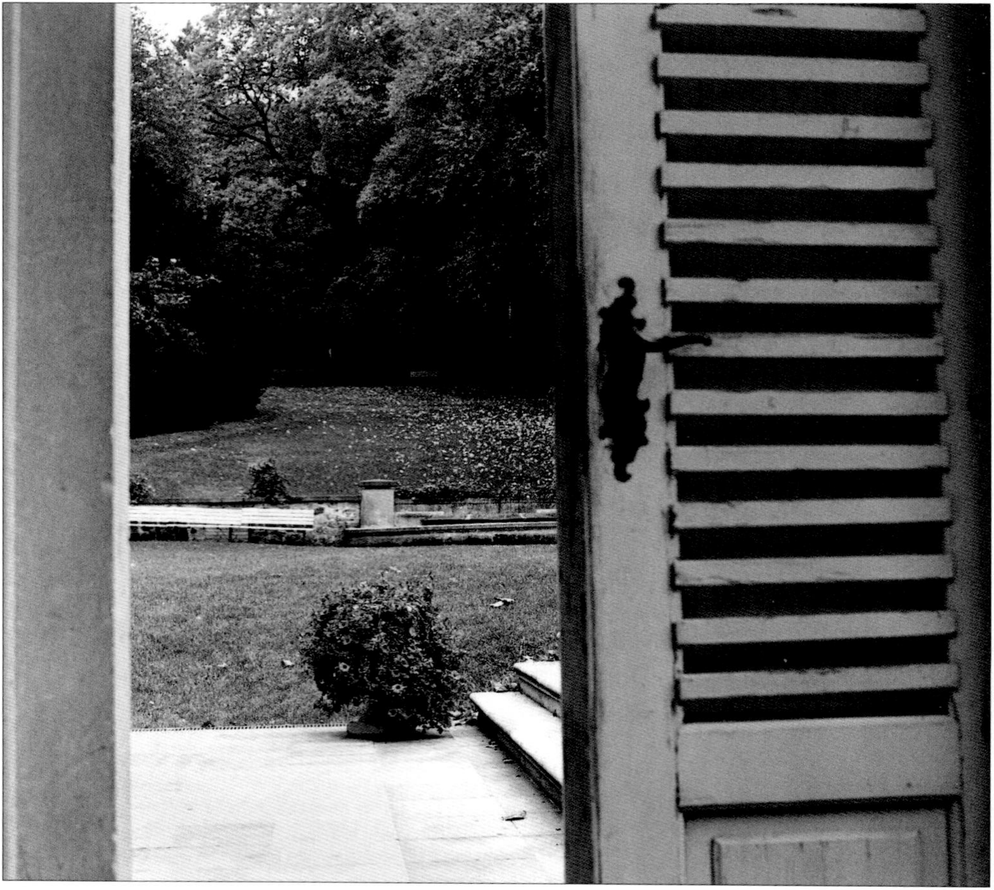

Vater Leopold war von dem Besuch in Wien so begeistert, dass er zur Durchführung weiterer Pläne antreten konnte, nun erwartete sie ganz Europa.

Leopold war nicht nur ein hervorragender Organisator, sondern auch ein guter Geschäftsmann. Er besorgte Empfehlungsschreiben und Sponsorenbeiträge und unternahm die ganze Reise, für die sie in den jeweiligen Aufenthaltsstationen sukzessive das Geld verdienen mussten, auf eigene Kosten.

Sie machten sich Anfang Juni 1763 in einer eigenen Kutsche auf den Weg und begannen wiederum in München. Die Kinder mussten noch am Abend der Ankunft, todmüde nach der langen Reise, das erste Konzert geben.

Wir werden uns hier nicht mit der Schilderung der Reise durch Europa, die den Besuch von Paris, London, Amsterdam und Lyon einschloss, befassen, sie wurde schon vielmals(+) als eine Unzahl von Erfolgen beschrieben, auch von Leopold selbst in Briefen an Freunde. Wir möchten lediglich jene Tatsachen und Erlebnisse erwähnen, die Wolfgangs ganzes Leben beeinflusst haben.

(+) Von den neueren Arbeiten ist das Buch von Brigitte Hamann: „Nichts als Musik im Kopf – Das Leben von Wolfgang Amadeus Mozart", Verlag Carl Ueberreuter, Wien 1990 zu empfehlen. – (Der Titel ist nicht besonders gelungen, denn W. A. Mozart hatte noch viele andere Sorgen im Kopf – und eben mit denen werden wir uns hier befassen.)

Vor allem war es Leopolds strenge Erziehung. Leopold nahm nie Rücksicht auf die Müdigkeit und den Gesundheitszustand der Kinder. Unterwegs hatten die Kinder in der Kutsche ein kleines Brett auf den Knien, das als Schreibunterlage diente, und der Vater unterrichtete sie im Schreiben, Rechnen, Französisch,

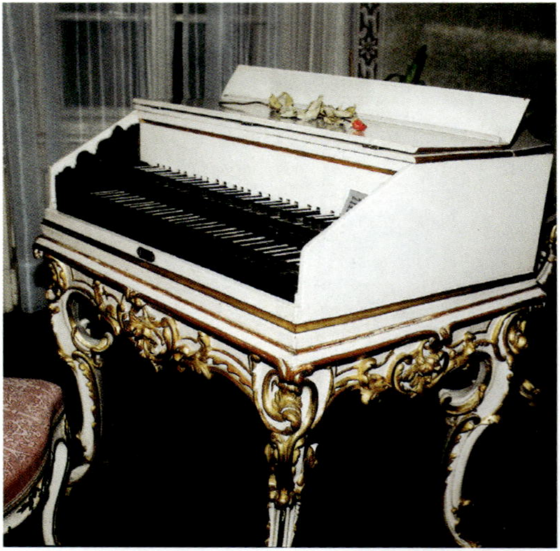

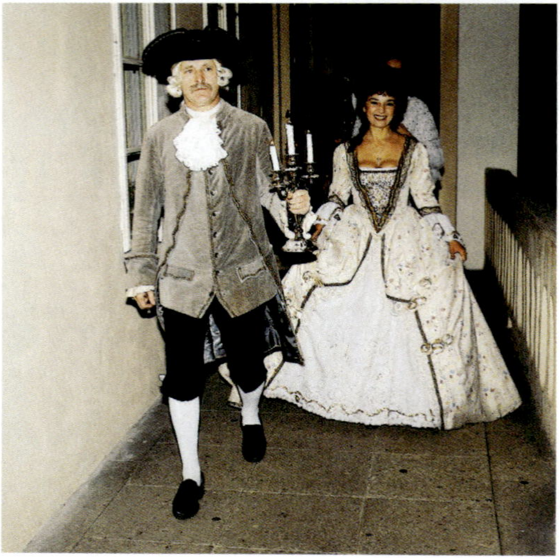

Musikkomposition usw. Davon rührte Wolfgangs lebenslange Gewohnheit her, immer und überall Notenpapier bei sich zu haben und unterwegs zu arbeiten – zu komponieren oder wenigstens musikalische Einfälle zu notieren.

Leopold suchte in jedem Aufenthaltsort eine Kirche, in der Wolfgang das Orgelspiel üben könnte. Später führten sie ein transportables Reiseklavier mit, das sie täglich aus dem Wagen ausluden und ins Gasthaus hinübertrugen, denn die Kinder mussten tagtäglich üben, um fürs Konzert in Form zu sein, sonst hätte die Reise, laut Leopold, keinen Sinn.

Gleich beim zweiten Konzert in München führte der siebenjährige Wolfgang ein weiteres Wunder vor. Er spielte nicht nach Noten, sondern präludierte und improvisierte frei, zuerst am Klavier und dann auf der Geige. Von diesem Augenblick an waren die freien Improvisationen ein für allemal, bis zu seinem Tod, der Höhepunkt seiner Konzerte. Es ist nämlich niemand darauf gekommen, dass Wolfgang kurzsichtig war und die Noten nur mit Mühe lesen konnte.

Ein völlig unterschätztes Erlebnis war der Aufenthalt in Augsburg, Leopolds Geburtsort. Der sparsame Leopold hat hier nicht gespart, im Gegenteil, seine Landsleute sollten sehen, wie weit er es gebracht hatte. Als der 64-jährige Leopold nach Jahren für 10 Wochen seinen Sohn in Wien besuchte, gab sich Wolfgang die Mühe, dem Vater womöglichst viel Wohlstand und Glanz zu zeigen – (nur die Miete von Wolfgangs Wohnung betrug 460 Gulden monatlich, also mehr als Leopolds Jahreseinkommen). Auf Vater Mozart machte das Milieu, in dem sich der Sohn so selbstverständlich bewegte, einen tiefen Eindruck. Um Wolfgangs Schulden wusste er allerdings nichts.

Leopold war jedoch vom Augsburg des Jahres 1763 enttäuscht – seine Landsleute waren ebenso sparsam wie er und gaben kein Geld fürs Musizieren aus. Leopold suchte vorzugsweise die Höfe der Landesfürsten auf, wohin er sich zu Konzerten einladen ließ.

Nur in Orten, wo kein Fürstenhof residierte und Leopold auf das Eintrittsgeld von den Bürgern angewiesen war, hat er Konzerte in eigener Regie veranstaltet. In Augsburg ließ er sogar eine Zeitungsannonce veröffentlichen – und später hat er dieses Werbemittel noch öfter herangezogen. Aus Leopolds Persönlichkeit ist sicherlich der Geist eines modernen Unternehmers herauszuspüren. Und man sollte sofort hinzufügen, dass dieser Geist Wolfgang vollkommen fehlte, ja er war seinem Wesen zutiefst fremd. Er bettelte ständig um die Gunst der Mächtigen und Reichen und war bestimmt kein Selfmademan.

Paris war für die Mozarts ein fetter Bissen. Vater Leopold zog deshalb mit der schwersten Waffe auf: die eigenen Kompositionen des „Wunderkindes". Bereits beim ersten Konzert in Schönbrunn am 13. 10. 1762 wird erwähnt, dass der sechsjährige Wolfgang u.a. auch eigene Kompositionen gespielt hat. Es ist interessant, dass niemals angeführt wird, dass Wolfgang Kompositionen seines Vaters gespielt hätte, obwohl Leopold den Titel eines erzbischöflichen „Hofkomponisten" innehatte.

In Paris blieben die Mozarts insgesamt fünf Monate, wobei sie 6 Wochen lang auf die Einladung zum königlichen Hof warteten. Der siebenjährige Wolfgang widmete sich in dieser Zeit angeblich fleißig dem Kompositionsstudium, und als er am Neujahrstag des Jahres 1764 vor der versammelten Hofgesellschaft in der Schlosskapelle in Versailles ein Orgelkonzert gab, spielte er eigene Kompositionen und Improvisationen. Es war ein Erfolg und öffnete den Mozarts die Tür zu den Musiksalons, Palästen und prunkvollen Häusern sowie den Landsitzen des Adels – es war die Sensation der Saison.

Musiksachverständige waren sich eindeutig einig darüber, dass Wolfgangs Kindheitstonstücke tatsächlich seine Eingebung waren, aber dass die helfende Hand des Vaters beim Komponieren klar ersichtlich ist. Leopold hatte genug Verstand, um den Kompositionen die kindliche Intuition zu belassen und nur jenem die endgültige Form zu geben, dessen ein siebenjähriger Junge auch durch ein Wunder nicht fähig wäre.

In Paris sind zwei von Mozarts Kompositionen zum ersten Mal im Druck erschienen. Die erste war einer königlichen Prinzessin gewidmet, die zweite einer einflussreichen Gräfin. Ein weiteres Beispiel, wie der Vater dem Sohn beibrachte, die Gunst der Mächtigen zu gewinnen.

Nach Paris kam London und ein Konzert wiederum zunächst im Buckingham-Palast. Und dann unvorhergesehene Ferien, erzwungen zuerst durch Wolfgangs und unmittelbar darauf Leopolds Krankheit. Während der Krankheit des Vaters hat der neunjährige Wolfgang 43 Kompositionen geschrieben, darunter auch eine Symphonie. Sechs Sonaten, die der Königin gewidmet waren, ließ der Vater drucken – der Verkauf der Noten war eine weitere Einkommensquelle.

Das Nomadenleben bekam den Kindern schlecht. In Den Haag erkrankten sie an Typhus und wurden nur dank dem Leibarzt der Prinzessin von Oranien wieder gesund. Vater Leopold ließ jedoch keineswegs von seinen Absichten und Zielen ab: 7 Stunden Fahrt in der Kutsche bei klirrendem Frost ohne Winterkleidung – um in Amsterdam zu konzertieren. Den Vater haben nämlich neue Sorgen befallen: „Jeder verlorene Augenblick ist für immer verloren." Er war sich bewusst, dass die Zeit der „Wunderkinder" zu Ende geht: Das Nannerl war 15 und Wolfgang 11 Jahre alt – und da war Schluss mit der Quelle der glänzenden Verdienste – all dies noch kompliziert durch die Tatsache, dass der Ruhm Wolfgang zu Kopf gestiegen war. Diese Auswirkung seines Verhaltens hatte Vater Leopold nicht vorausgesehen.

Bertramka

Bertramka

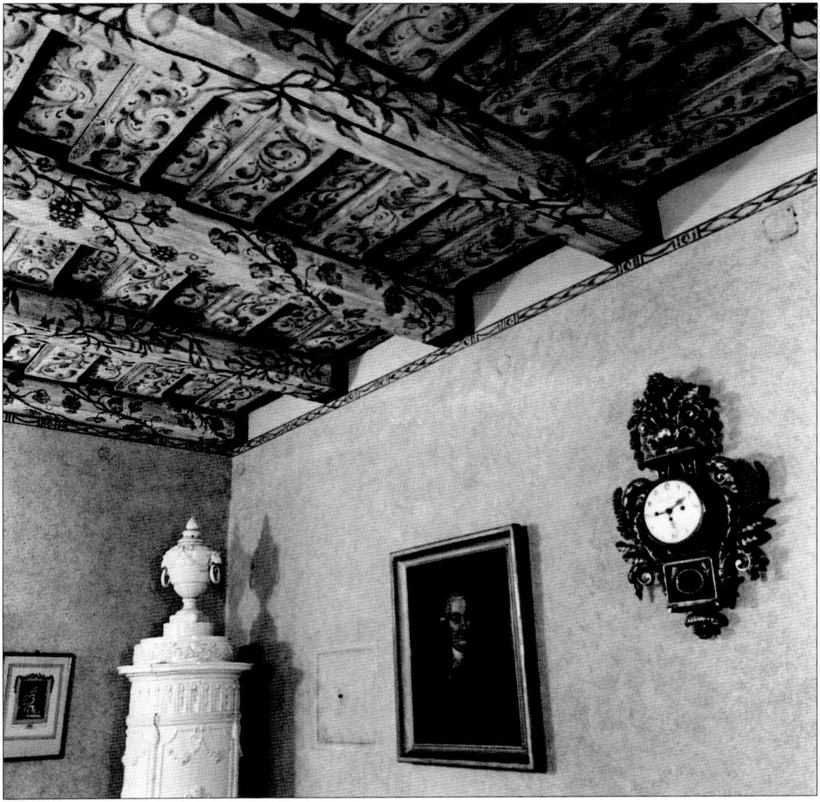

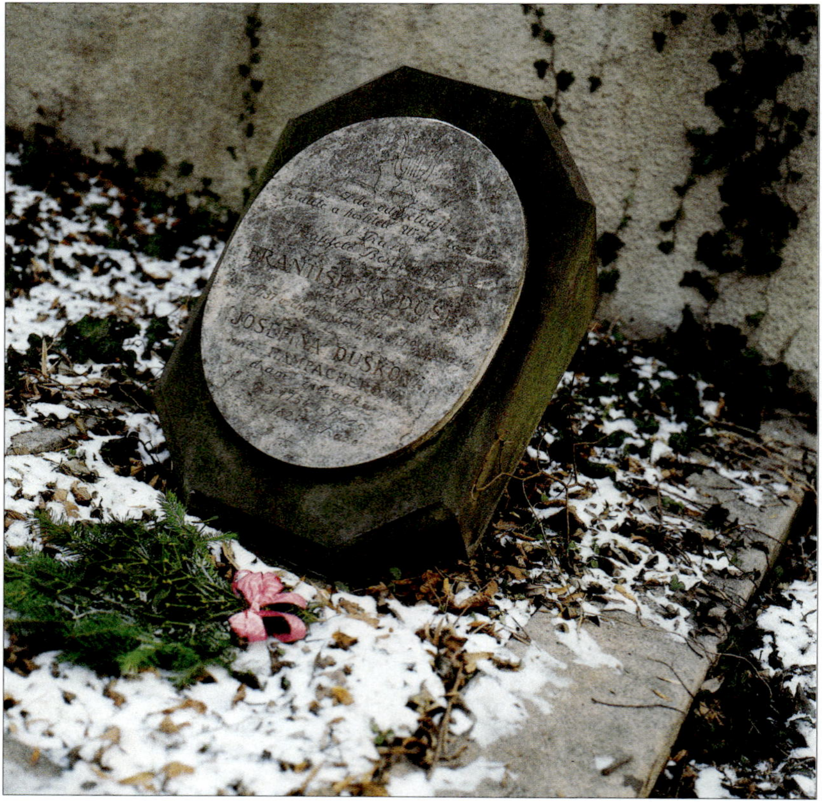

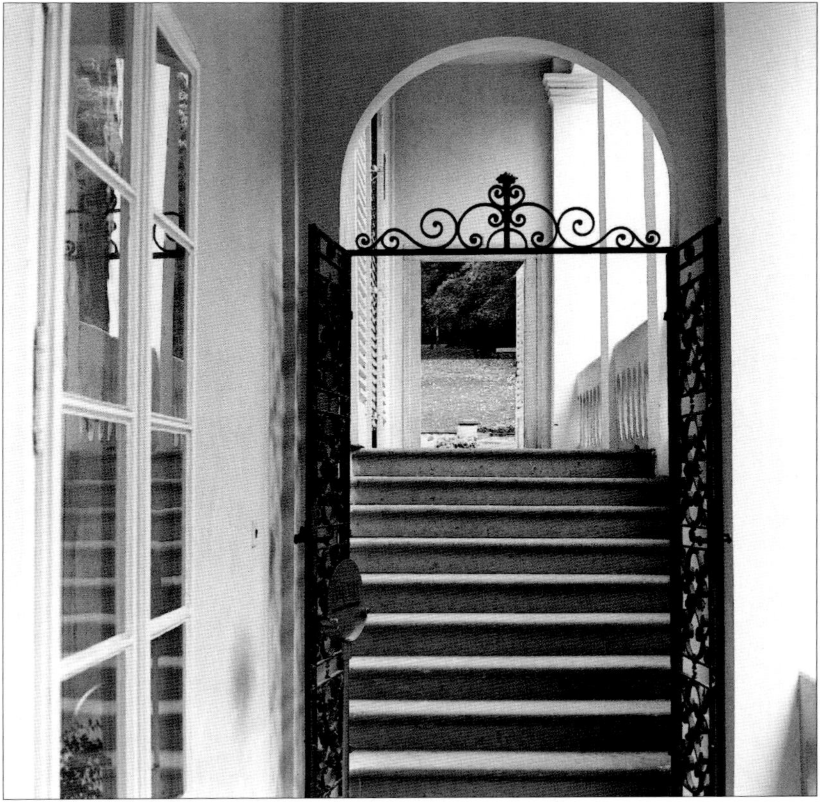

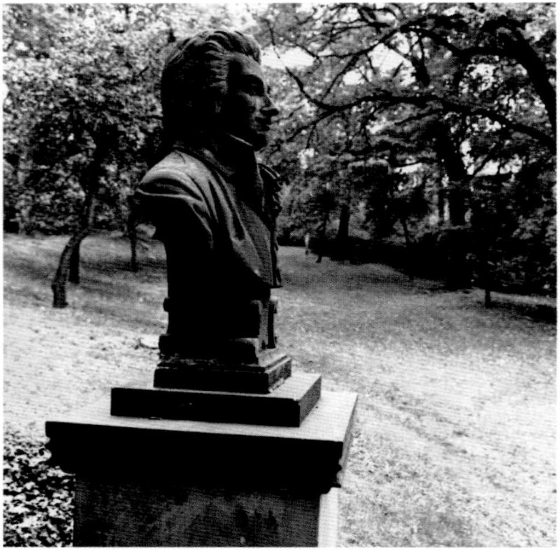

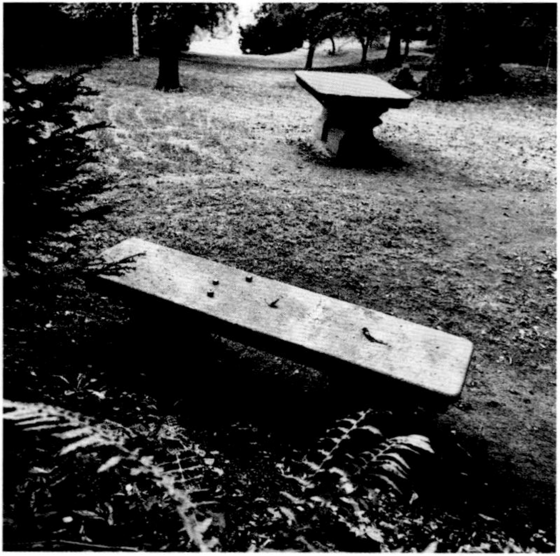

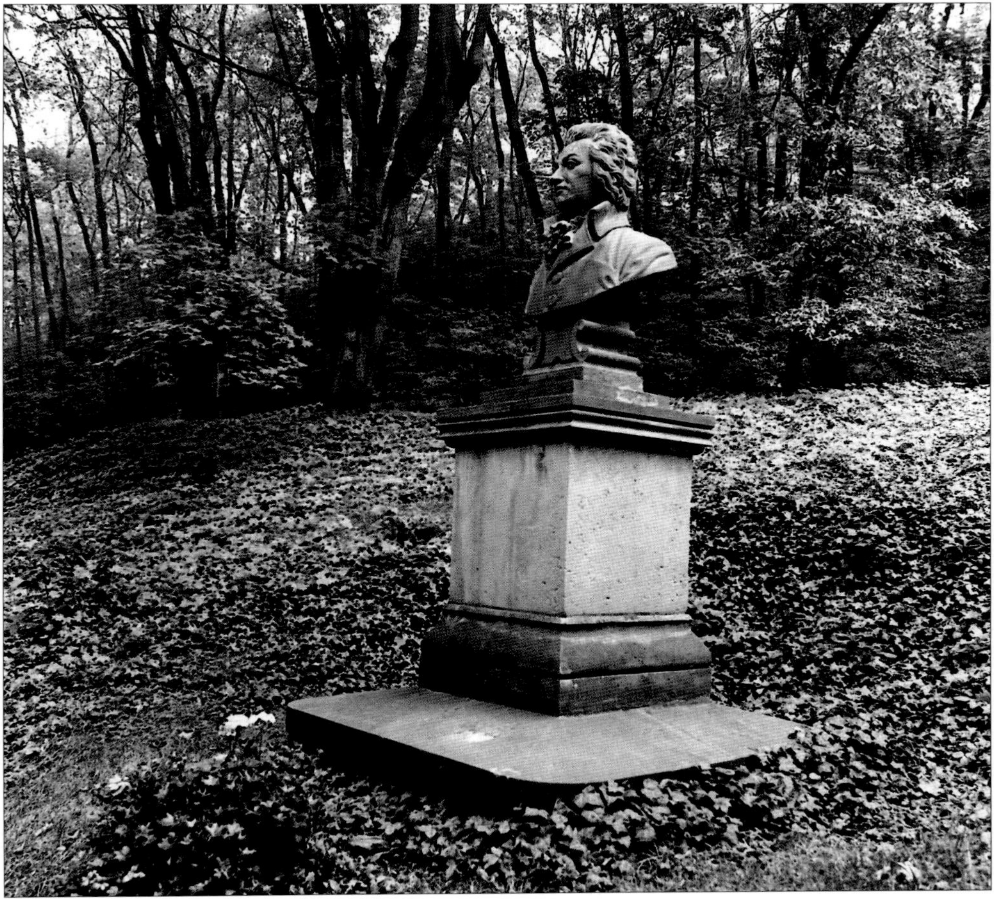

Strahov-Kloster

Bella mia fiamma, addio
Così fan tutte
(So machen's alle)

Die Musikquelle Europas zu jener Zeit war Italien. Von dort kamen die Komponisten, Sänger, Musiker, von dort ist auch die Oper in zwei Formen gekommen: die komische Opera buffa und die ernste, fast moralisierende Opera seria. Wer in der Musik als Komponist etwas bedeuten wollte, der musste Opern komponieren. Dessen waren sich sowohl Leopold als auch Wolfgang, der sich auf den Ruhm des größten Opernkomponisten freute, bewusst. Im heimatlichen Salzburg gab es jedoch kein großes Opernhaus – und folglich konnte Mozarts Zukunft nicht hier liegen. Es war also unerlässlich, Salzburg zu verlassen, die Karriere in Wien zu beginnen und sich auf eine Studienreise nach Italien zu begeben.

Im September 1767 brachen die Mozarts also nach Wien auf.

Welch eine Ungunst des Schicksals! Die sechzehnjährige Erzherzogin Maria Josefa war an Blattern erkrankt, und im Oktober fand anstelle der Hochzeit ihr Begräbnis statt. Anstatt bei den prächtigen Hochzeitsfeierlichkeiten zu konzertieren, mussten die Mozarts vor der Epidemie flüchten und begaben sich zu reichen Gönnern nach Brünn und Olmütz. Hier, auf tschechischem Boden, wurde Wolfgang von einem schweren Schicksalsschlag betroffen: Er erkrankte an den Pocken und erblindete. Er wurde wieder gesund, allerdings mit einem dauernden Andenken: Er hatte sein Leben lang ein pockennarbiges Gesicht.

Der Fluch des Vaters forderte eine weitere Steuer. Der unkritische, herrschsüchtige Leopold lockte dem Intendanten der kaiserlichen Oper in Wien den Auftrag zu der Oper „La finta semplice" (Die Heuchlerin aus Liebe) ab. Der 12-jährige Wolfgang war der Oper jedoch nicht gewachsen, er konnte nicht genügend italienisch und hatte noch kein Verständnis für das Thema der Liebesgeschichte. Der Vater hatte seinen Sohn überschätzt, die Oper wurde nicht aufgeführt. Leopold war wütend, er beschwerte sich sogar beim Kaiser, machte sich jedermann zum Feind und wurde in Wien zum Auswurf der Gesellschaft. Das war sichtlich der Grund, warum der junge Mozart später (auf ausdrückliches Verbot der Kaiserin Maria Theresia) die zugesagte Stellung des Hofkomponisten in Mailand, wo er mit der Oper „Ascanio in Alba" Erfolg hatte, nicht erhielt. Dies galt auch für den Posten am Hof von Florenz, erst recht für Wien selbst. Dort waren zwei berühmte Komponisten tätig: Christoph Willibald Gluck (1714–1787), Autor von 108 Opern, und Antonio Salieri (1750–1825), Autor von 40 Opern, gegen die Mozart keine Chance hatte. Das Verhältnis zwischen Mozart und Salieri wird oft dramatisiert, seriöse Musikologen geben jedoch an, es wäre ein kollegiales Verhältnis gewesen. Es war Leopold Mozart, der die Italiener fast hysterisch hasste. Es ist nichts daran zu ändern, dass sich Salieri Mozart gegenüber im Vorteil befand. Er war um sechs Jahre älter, gut aussehend, von männlicher Gestalt und hatte im Jahre 1768 als Neunzehnjähriger mit Erfolg seine erste Oper aufgeführt, wohingegen die Oper des 12-jährigen Mozarts durchgefallen war.

Im Dezember 1769 begab sich Wolfgang mit seinem Vater auf eine 15-monatige Studienreise nach Italien, im Jahre 1771 besuchten sie wiederum Mailand, wo seine Oper „Ascanio in Alba" am 17.10. mit Erfolg aufgeführt wurde. Im Jahre 1772 waren sie nochmals da, zur Premiere der Oper „Lucius Sulla" am 26. 12., die allerdings durchfiel – (daran war auch Mozart schuld, aber in erster Linie die schlechte Durchführung). In Salzburg hat Wolfgang keine Hoffnung sich durchzusetzen und so führt er auf der Suche nach dem Posten eines „Hofkomponisten" ein Nomadenleben. Stets vergeblich. In Mannheim, wo sich damals die modernste Oper in Deutschland befand, lernte er die Familie des Bassisten und Notenkopisten Fridolin Weber – mit einem Jahreseinkommen von 400 Gulden – kennen. Von dessen 5 Kindern fand er an der 18-jährigen Aloysia, einer hervorragenden Sopranistin, Gefallen. Wolfgang verliebte sich über beide Ohren in sie und komponierte Arien und Klaviersonaten für sie. Vater Leopold schlägt Alarm: Er wünschte für den Sohn eine reiche Heirat und nicht, dass er sich von einer armen Musikantenfamilie mit vier unverheirateten Töchtern einfangen lässt. Möge er doch nach Paris fahren, sich den großen Künstlern gleichstellen und Geld verdienen!

Leopold organisierte Wolfgangs Reise nach Paris in Begleitung seiner Mutter. Das einzige Ergebnis war die „Pariser Symphonie". Aber nach dem Konzert fand er die Mutter schwer krank mit Schmerzen, Fieber und Schüttelfrost vor. Sie starb hier am 3. 7. 1778, wahrscheinlich an Typhus. „Sie starb in tiefer Bewusstlosigkeit, sie verlöschte wie ein Licht. Drei Tage vorher hatte sie gebeichtet, die Kommunion empfangen und war mit den Sterbesakramenten versehen worden. Die letzten drei Tage hat sie durchfantasiert und ist heute ungefähr um 5 Uhr 21 Minuten in Agonie gefallen, hat jegliches Gefühl und die Sinne verloren. Ich hielt ihre Hand, sprach zu ihr, aber sie sah mich nicht, hörte nicht und fühlte nichts. So lag sie fünf Stunden lang bis zu ihrem Hinscheiden, das um 10 Uhr 21 Minuten abends eintrat." So hat Wolfgang den Hergang ausführlich beschrieben. Es war seine erste Begegnung mit dem Tod. „Sie wissen, dass ich noch nie jemanden sterben gesehen habe – und gleich zum ersten Mal musste es gerade meine Mutter sein – diesen Augenblick habe ich am meisten gefürchtet." Damals ist der 22-jährige Wolfgang noch gut darüber hinweggekommen: „Sie können sich wohl vorstellen, wie ich gelitten habe, wie viel Mut und Tapferkeit erforderlich war... was hat es jedoch genützt? ... unter diesen traurigen Umständen konnten mir nur drei Sachen Trost spenden, nämlich meine vertrauensvolle Ergebenheit in Gottes Willen, ihr leichter und schöner Tod... um wie viel glücklicher ist sie nun als wir, ich wünschte also in dem Augenblick, mit ihr davonzugehen... mein dritter Trost... dass wir sie wiedersehen werden... nur der Zeitpunkt ist uns nicht bekannt, das betrübt mich jedoch nicht, so Gott es will, so will ich es auch", schrieb er am 9. 7. 1778 dem Vater. Wenngleich nichts davon Wolfgangs eigener Gedanke ist, er wiederholt nur das, was er von den katholischen Priestern gehört hatte, es ist wichtig, dass er es sich zu eigen machen konnte – und dass der tiefe, streng katholische Glaube an Gott, unberührt selbst durch die im protestantischen Milieu zu-

Strahov-Kloster

gebrachte Zeit, das Rückgrat von Wolfgangs Charakter bildete, seines „allzu guten Herzens", wie ihm der Vater öfter vorhielt.

Seinen Charakter hatte Wolfgang selbst zutreffend in seinen Briefen von 4. 2. und 7. 2. 1778 aus Mannheim beschrieben, wo er sich zutiefst in die 18-jährige Aloysia Weber (1760–1839) verliebt hatte. „Ich weiss, dass ich so religiös veranlagt bin, dass ich gewiss nicht etwas tun würde, was ich nicht vor aller Welt tun könnte. Ich habe diese unterdrückte Familie so lieb, dass ich mir nichts sehnlicher wünsche, als sie glücklich zu machen. ... das ist wiederum nur eine Geldheirat, nichts anderes. So würde ich niemals heiraten, ich will meine Frau glücklich machen und nicht erst mit ihrer Hilfe mein Glück erreichen. Wir (armen, gewöhnlichen) Menschen brauchen keine reiche Frau, denn unser Reichtum stirbt mit uns, weil wir ihn im Kopf haben. Das kann uns niemand nehmen, es sei denn, er würde uns den Kopf abschlagen, und dann – brauchen wir schon überhaupt nichts. Die Oper für Verona werde ich gern für 50 Zechinen schreiben, möge es sie nur berühmt machen, denn wenn nicht ich die Oper komponiere, fürchte ich, dass sie sich nicht durchsetzt. Der Gedanke, dass ich der armen Familie behilflich sein kann ohne selbst zu Schaden zu kommen, erfüllt mich mit Glück."

In der Antwort auf diese Briefe ruft Vater Leopold Feuer und Schwefel vom Himmel herab: „Deinen Brief vom 4. habe ich mit Entsetzen und Schrecken gelesen. Deine Idee, Dich mit Herrn Weber und Gott bewahre seinen 2 Töchtern durch die Welt zu schlagen, hätte mich nahezu um den Verstand gebracht. Und wo ist Dein Ruhm geblieben?"

Wir wollen diese Diskussion noch durch ein kurzes Zitat ergänzen: „Wir haben mit Mutti darüber gesprochen und sind übereingekommen, dass..." Mit Vater hatte er sich jedoch nie über etwas geeinigt. Es besteht kein Zweifel, dass die Liebe zu Aloysia nicht nur durch die physische Reife des 22-jährigen Jünglings hervorgerufen wurde, sondern auch durch das Bedürfnis, jemanden bei sich zu haben, der für ihn Verständnis hätte, der ihm zur Seite stehen würde und der ihn – als verheirateten Mann – von den ewigen Vorhaltungen des Vaters fernhalten würde.

Nach dem Tod der Mutter berief der Vater den Sohn aus Paris nach Salzburg zurück. Der Erzbischof war bereit, Wolfgang als Konzertmeister und Hoforganist (wenigstens etwas!) mit einem Gehalt von 500 Gulden einzustellen. Wolfgang wiederholt die Worte des Vaters: Salzburg ist kein Ort für mein Talent. Er will weder Diener und gehorsamer Angestellter noch das brave Kind eines strengen Vaters(!) sein – obwohl er de facto nie aufgehört hat, es zu sein.

Während sich Wolfgang im Verlauf seines Pariser Aufenthalts bemüht hatte, für Aloysia ein Engagement zu gewinnen, wurde

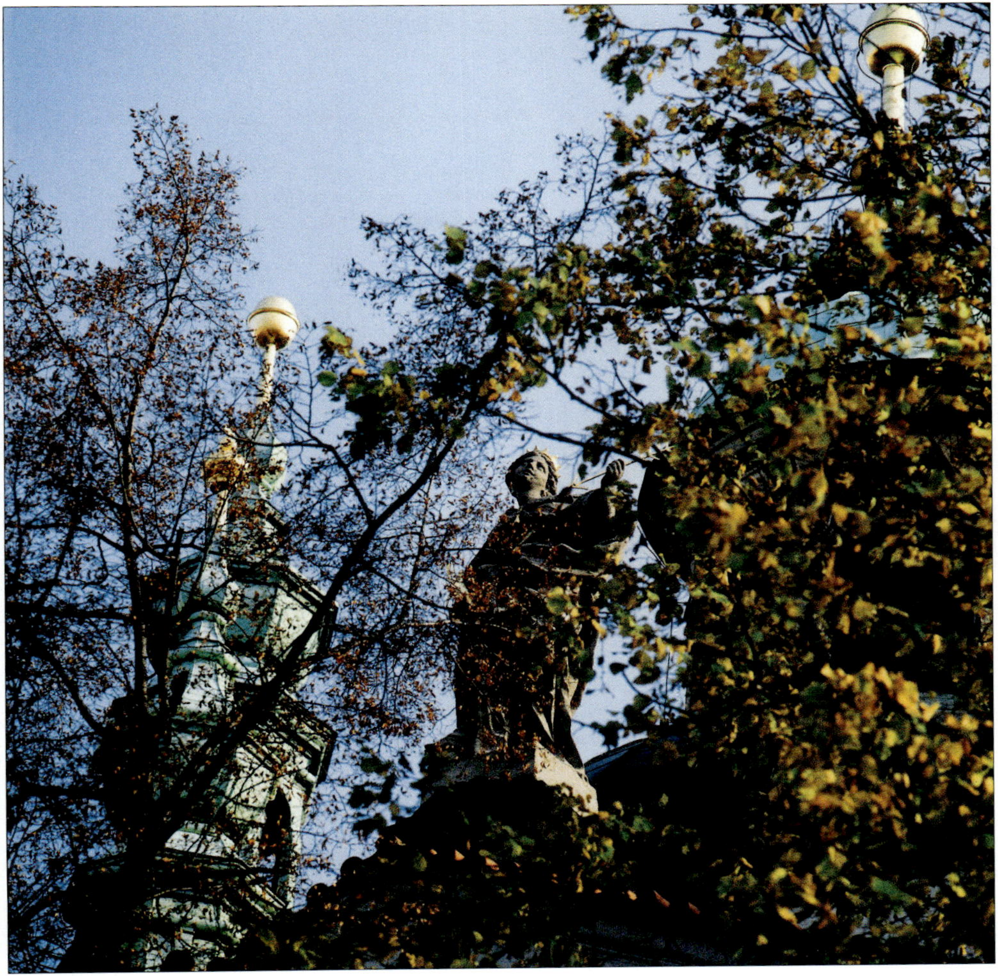

diese an der kurfürstlichen Oper in München mit einem Gehalt von 600 Gulden engagiert, das bald auf 1000 Gulden erhöht wurde. Vater Mozart machte auf der Stelle kehrt: „Warum sollte ich nun etwas gegen Deine Liebe haben, wenn sie für Dein Glück Sorge tragen kann und nicht Du um das ihre", schrieb er an den Sohn.

Leopold hatte dem Sohn zuerst einsuggeriert, er wäre ein Wundergenie, und als Wolfgang nirgendwo ankommen konnte, musste er von seiner Herrschsüchtigkeit und Zanksucht ablassen (er hat doch schon immer Grütze im Kopf gehabt und hatte längst befürchtet, was geschehen würde, wenn die Kinder keine Kinder mehr sein würde) und mahnte den Sohn zu Bescheidenheit. Er erntete jedoch die eigene Saat: Wolfgangs Überheblichkeit. Wolfgang hatte den väterlichen kategorischen Imperativ in sich verwurzelt, dass er „sein von Gott geschenktes Talent nicht vergraben darf". Er darf Gott nicht untreu werden – und „gleich nach Gott dem Papa".

Noch vor kurzem hatte der Vater den Sohn vor der weberschen Familie gewarnt – nun bot er den Webers Unterkunft bei sich in Salzburg an.

Der nun fast 23-jährige Wolfgang besuchte die Familie Weber zu den Weihnachtsfeiertagen 1778. Die 19-jährige Aloysia tat nun völlig fremd gegen ihn und benahm sich überheblich, wie eine Primadonna. Mozart machte ihr trotzdem einen Heiratsantrag. Aloysia wollte ihn nicht haben. Er war ihr nicht gut genug. Jetzt schrieben auch andere Komponisten Arien für sie, warum sollte sie also ein kleines, zerbrechliches, hässliches Männchen mit einer großen Nase, Glotzaugen, einem vernarbten Gesicht, der im Beruf keinen Erfolg und noch dazu Schulden hatte, hinter sich herführen. Zweieinhalb Jahre später bemerkte Wolfgang (in einem Brief an den Vater vom 16.5.1781) dazu: „...im Fall Lang (d. i. die verheiratete Aloysia) war ich ein Narr, das ist wahr... Ich habe sie wirklich geliebt und ich fühle, dass sie mir immer noch nicht gleichgültig ist."

Im Jänner 1779 traf der 23-jährige Wolfgang, voller Angst vor den Vater, als völlig gescheiterte Existenz in Salzburg ein.

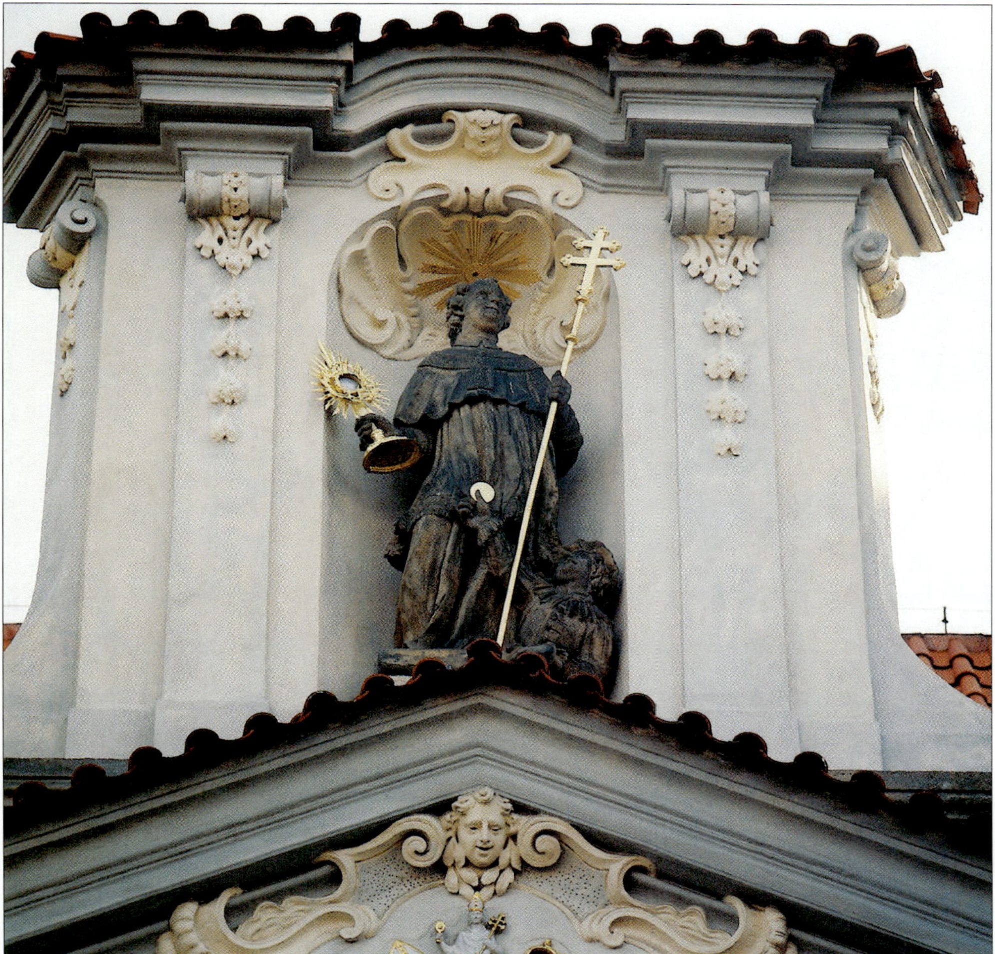

Virtuti · Et Exemplo

PATRIAE ... SIONE ORVM ... PROFECT

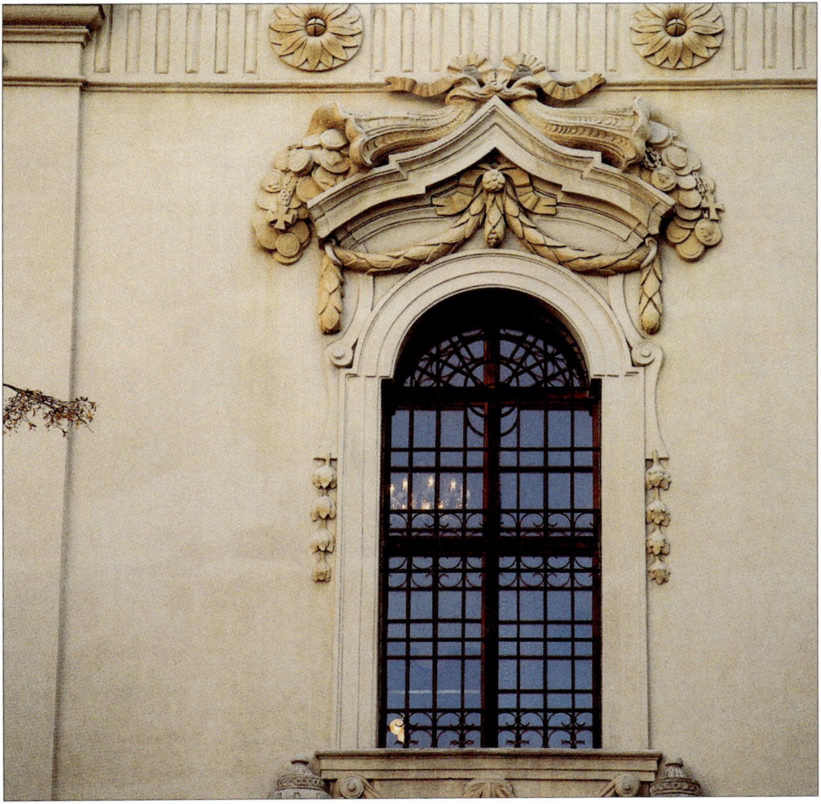

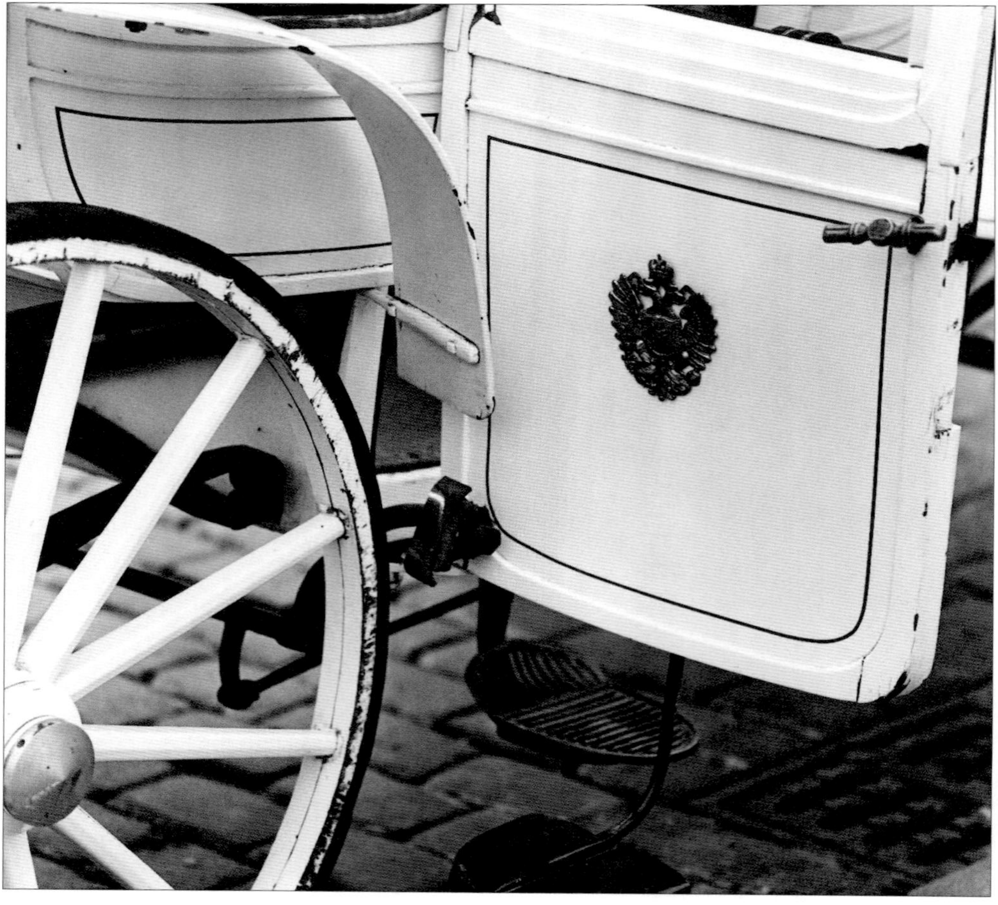

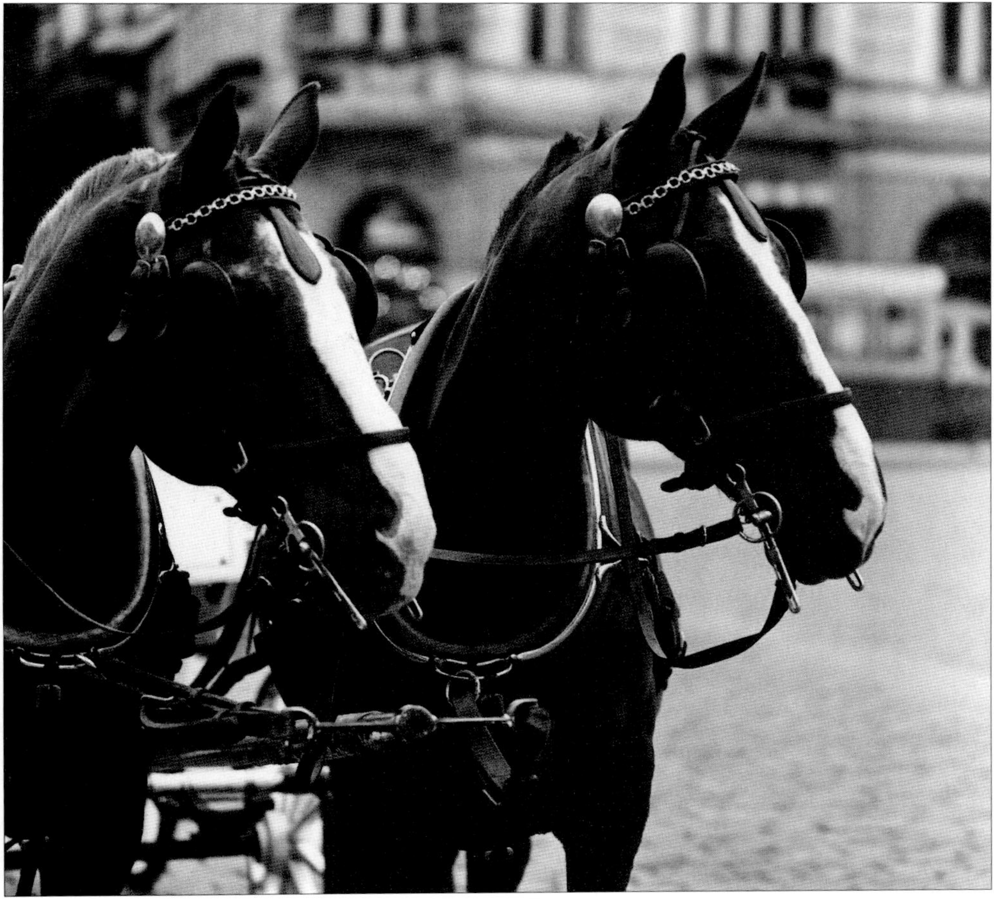

Bella mia fiamma, addio
Eine kleine Nachtmusik

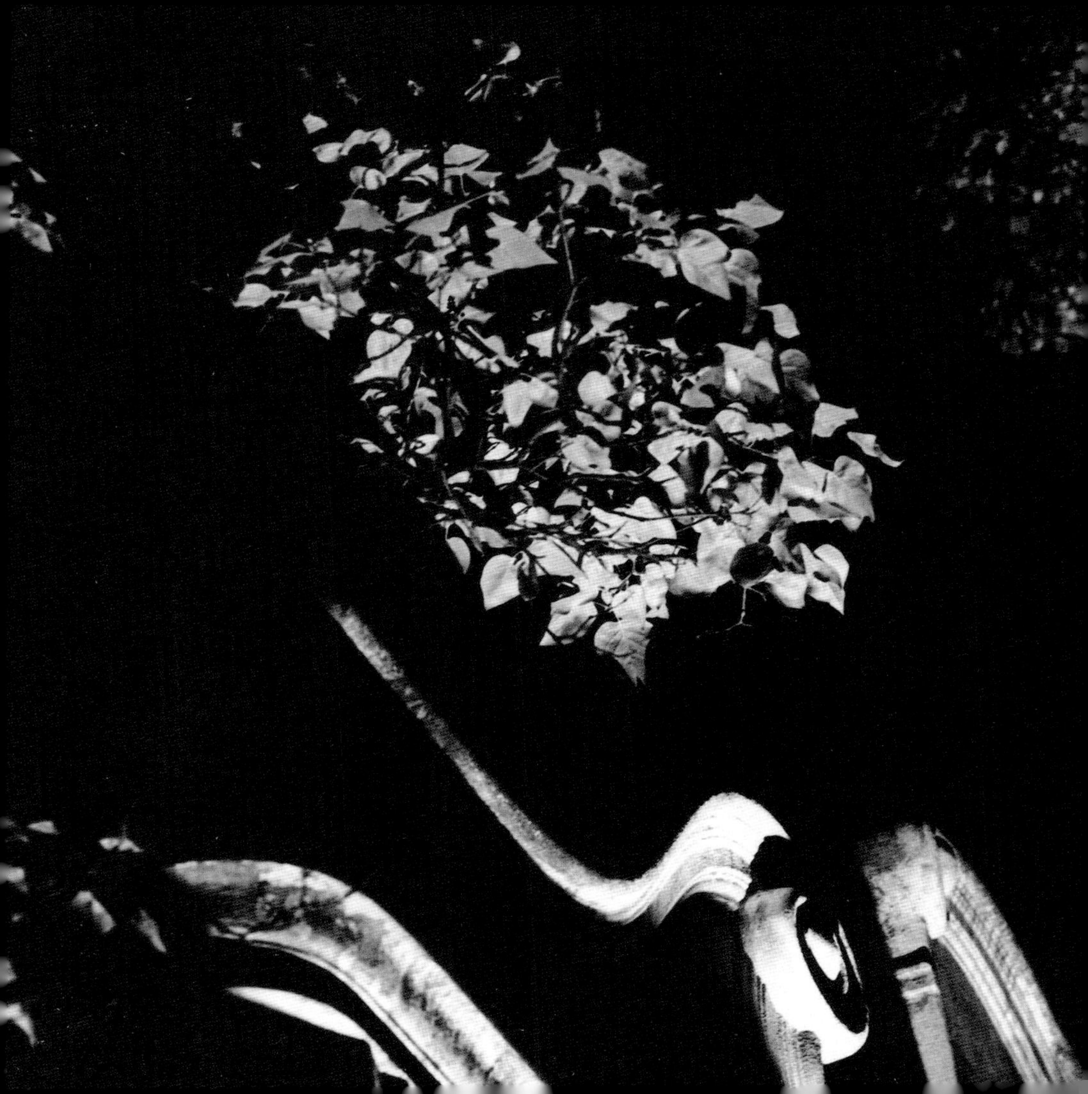

Strahov-Kloster

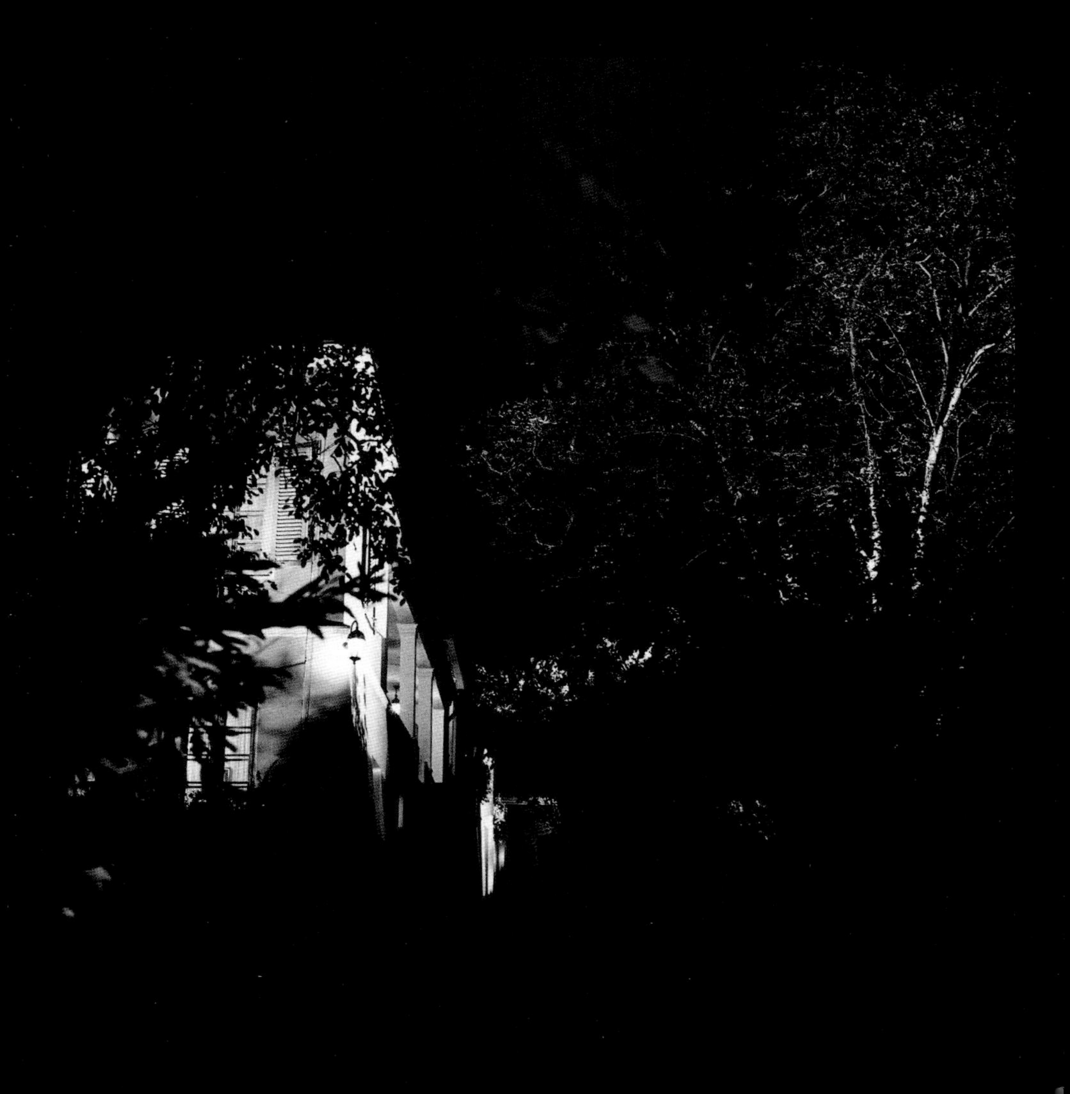

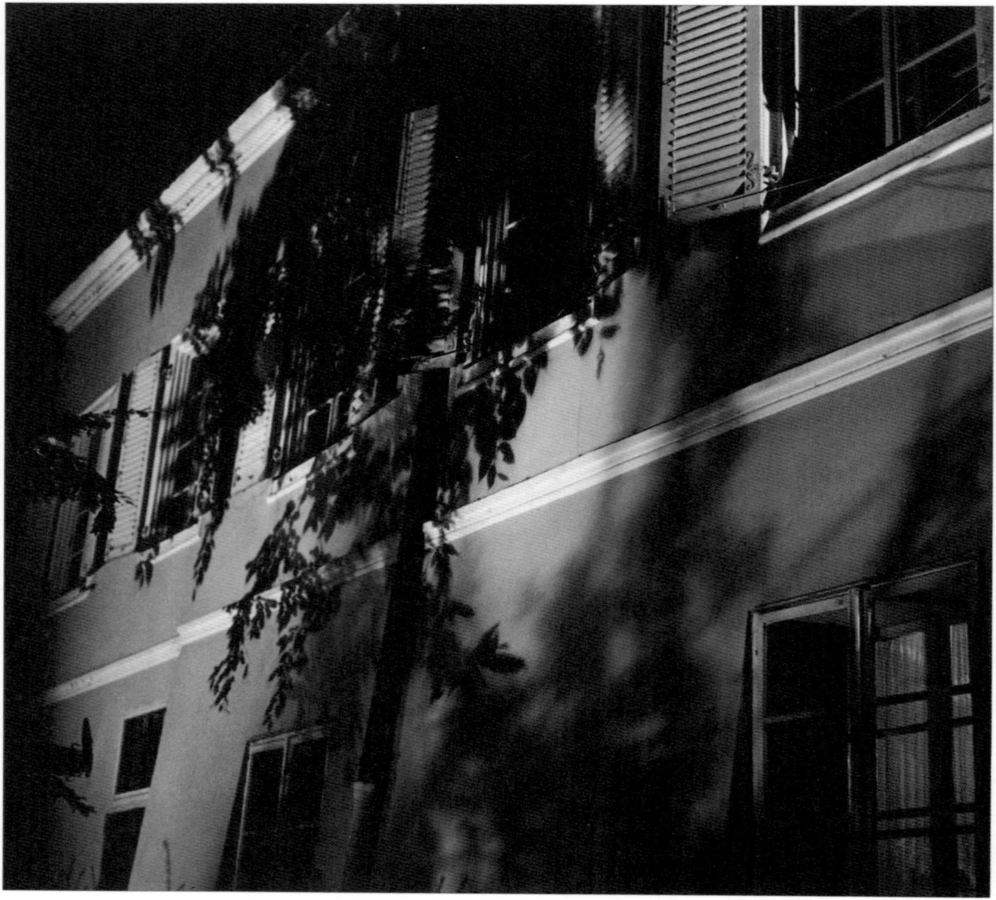

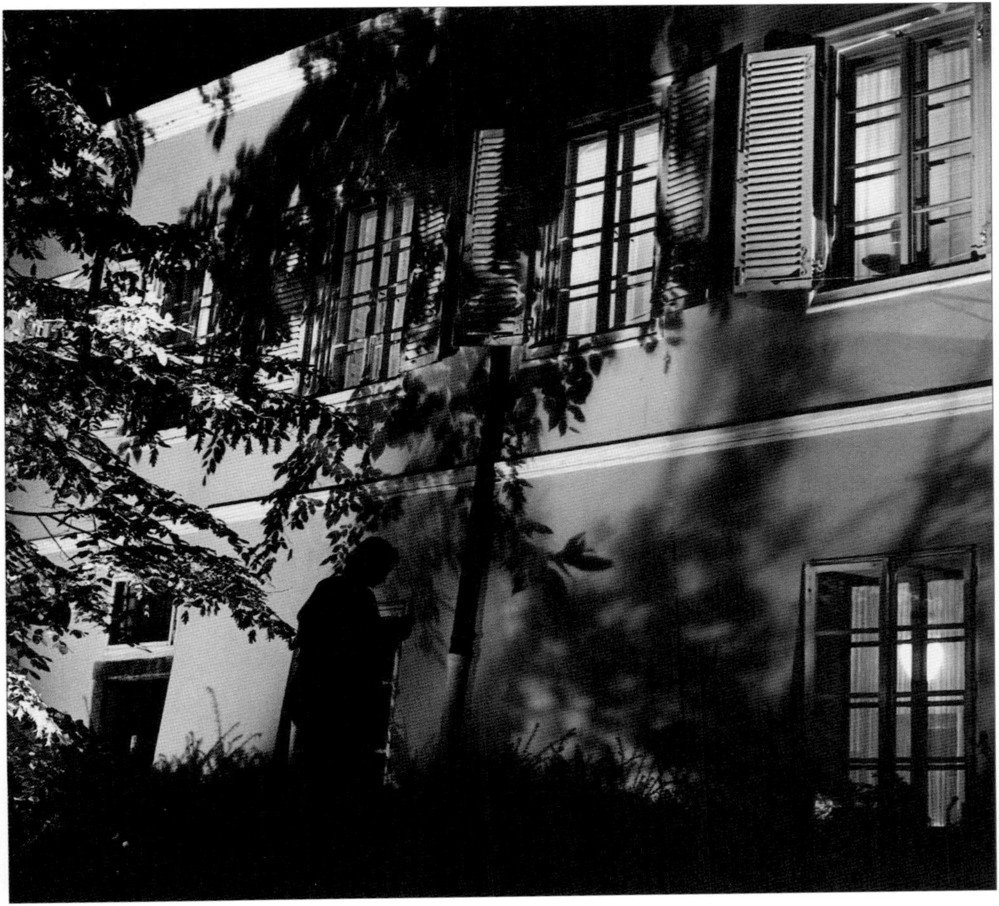

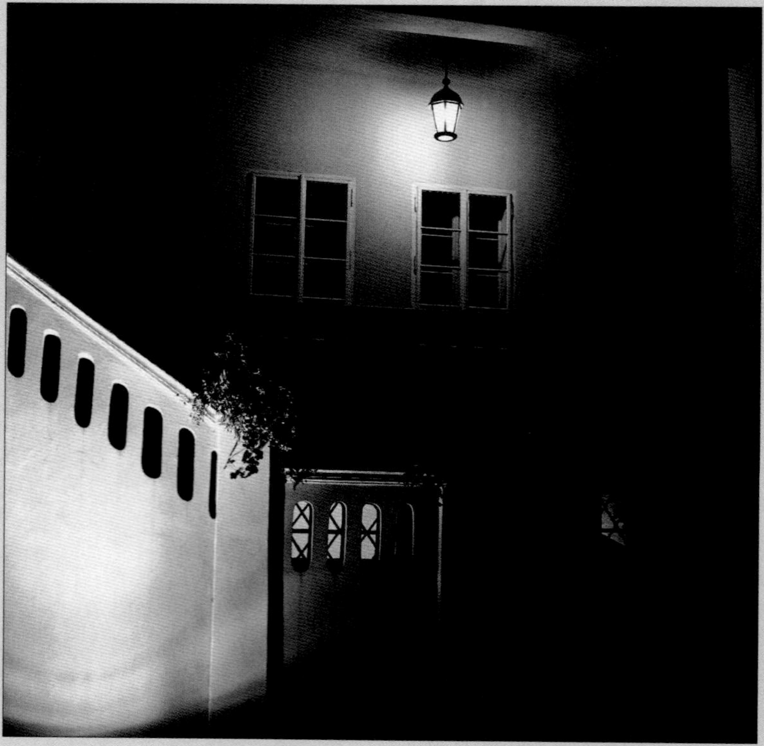

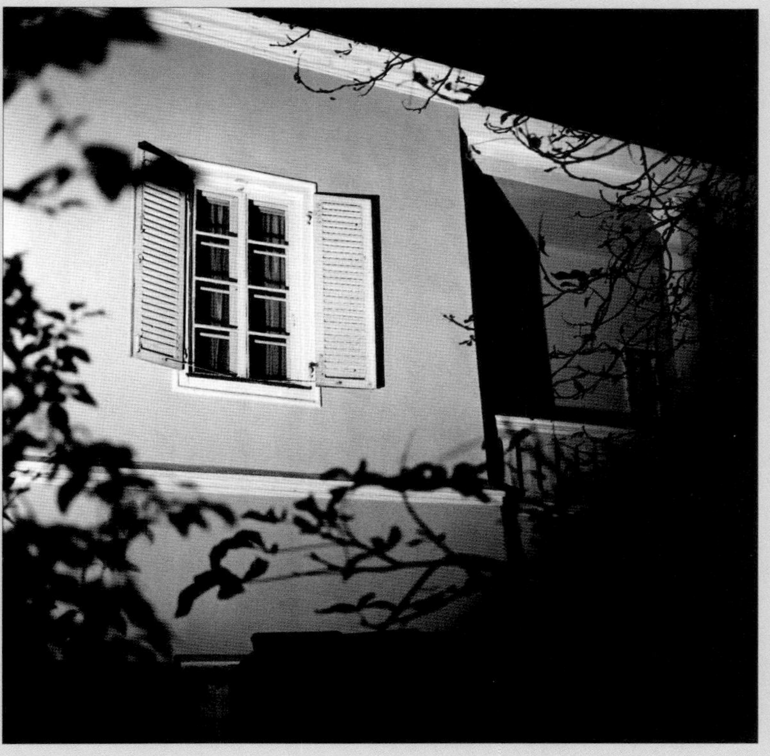

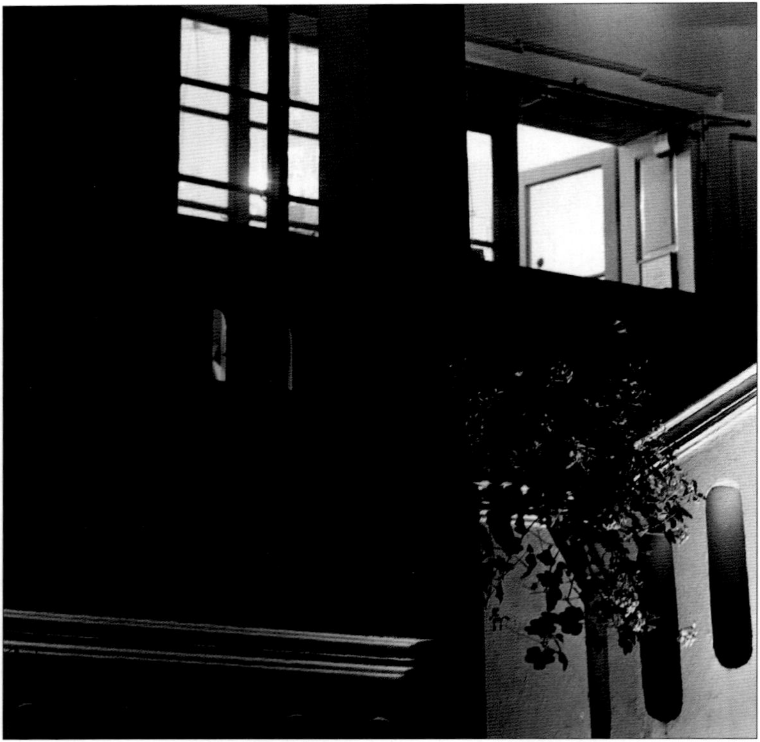

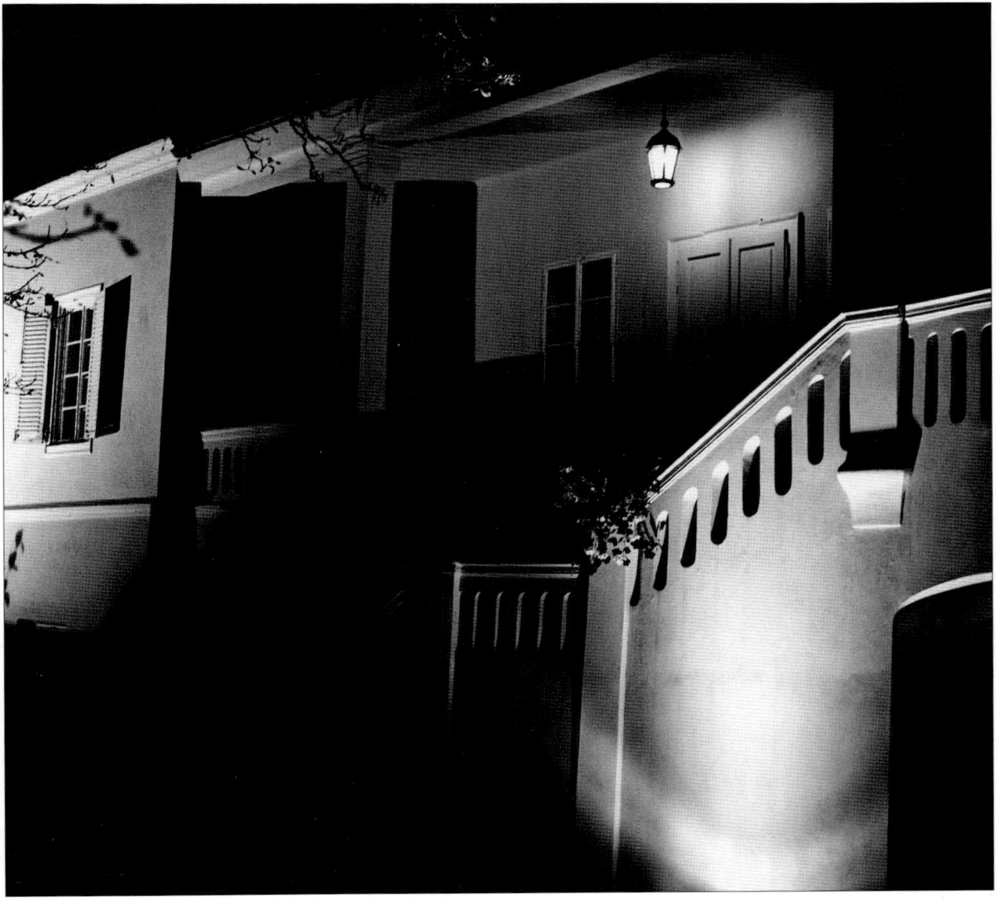

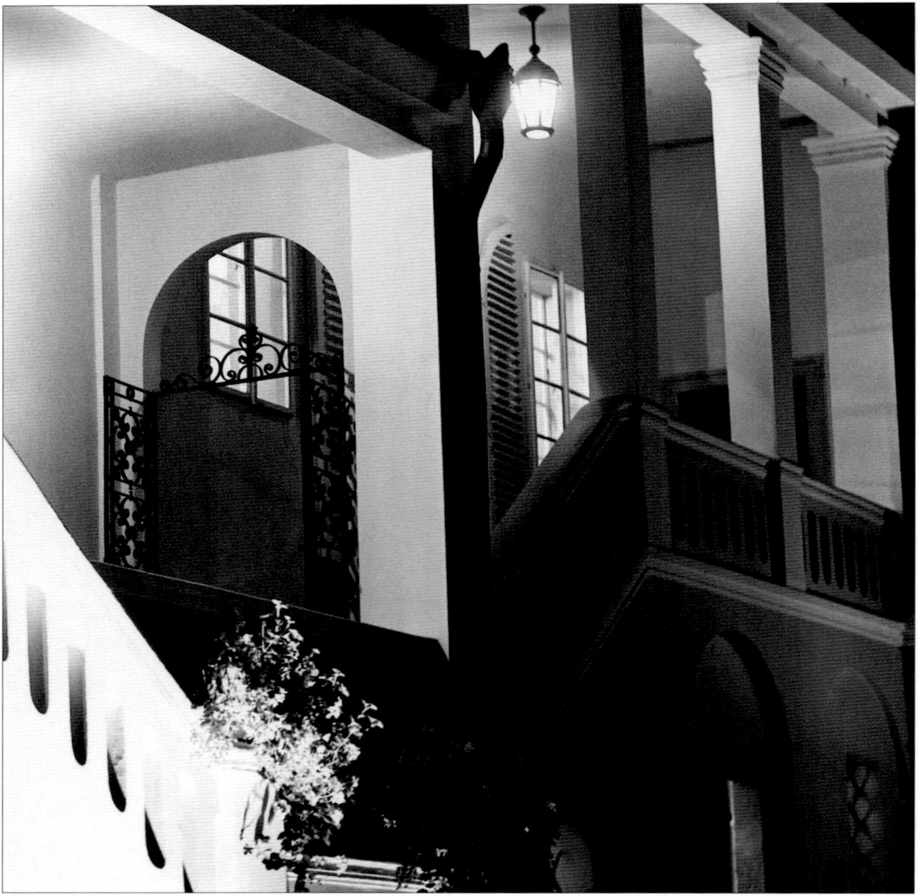

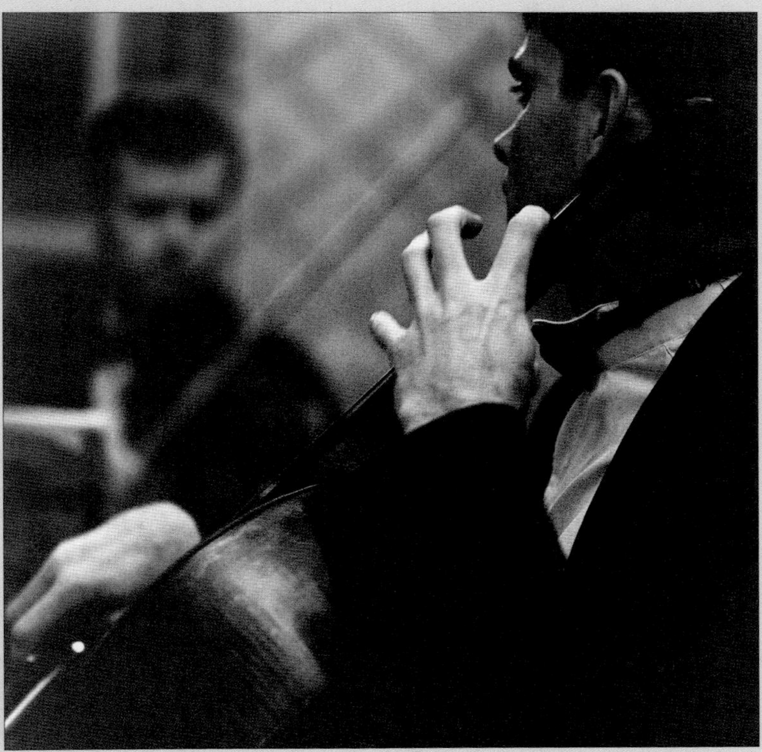

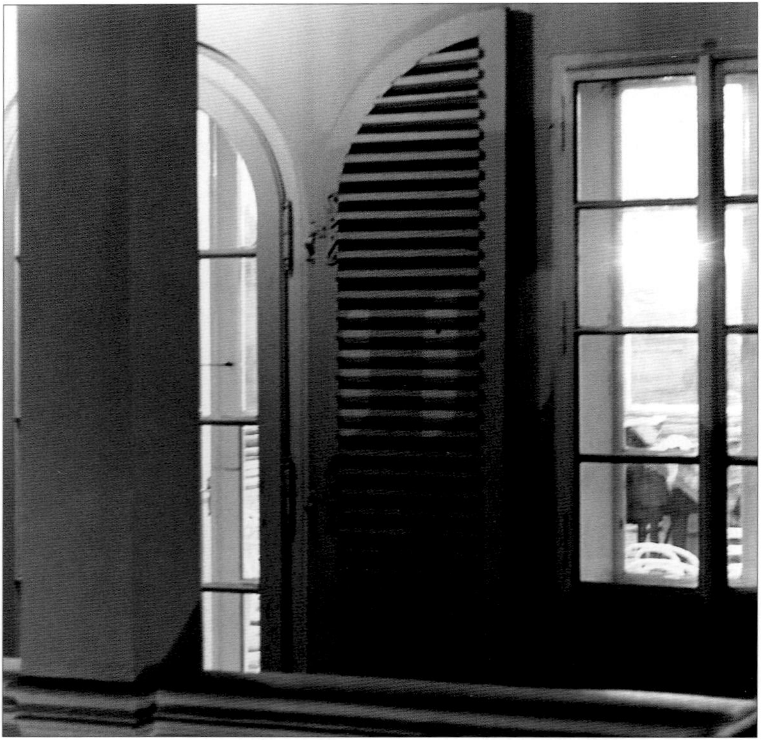

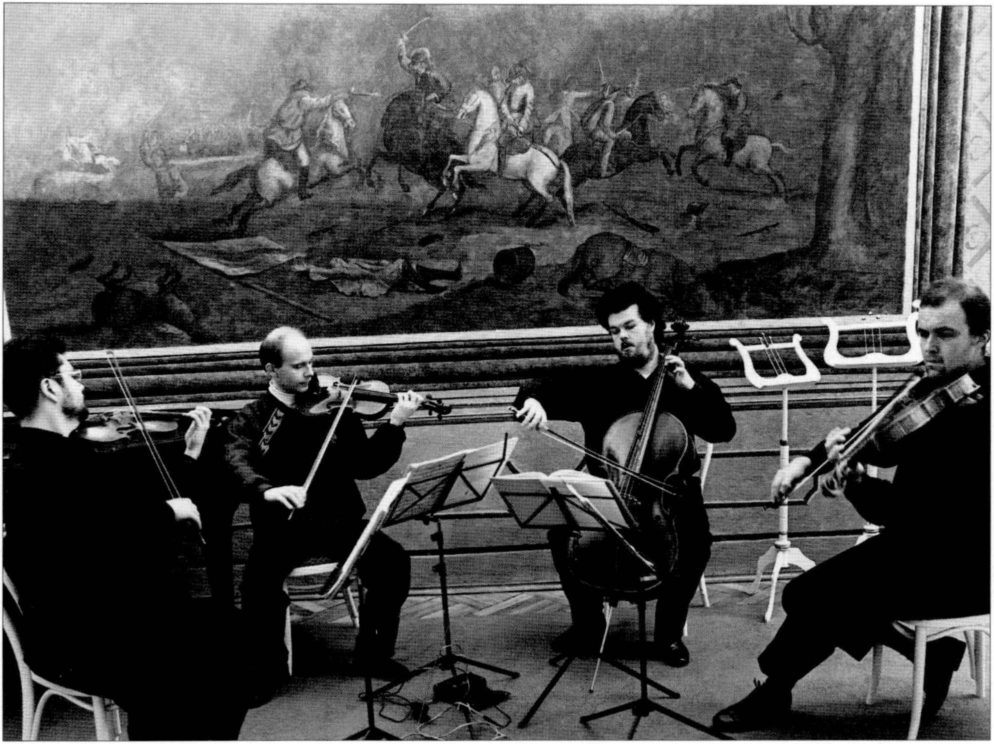

Ständetheater

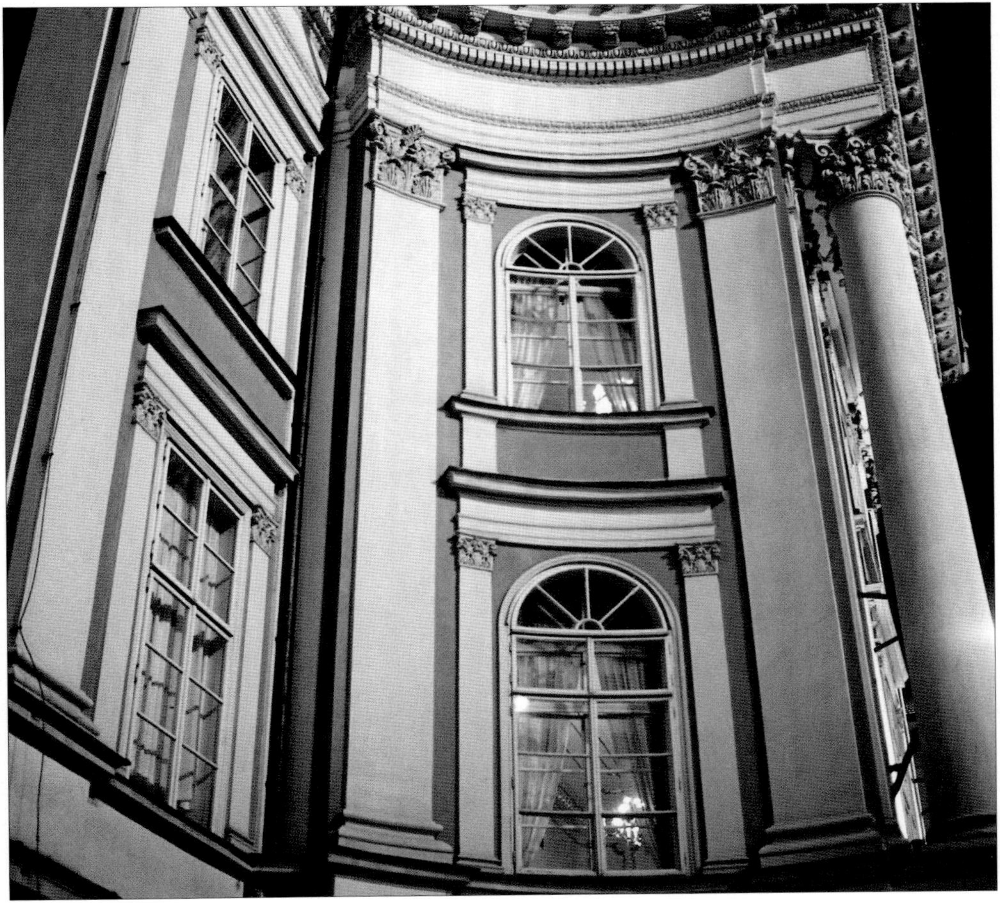

PATRIAE ET MUSIS

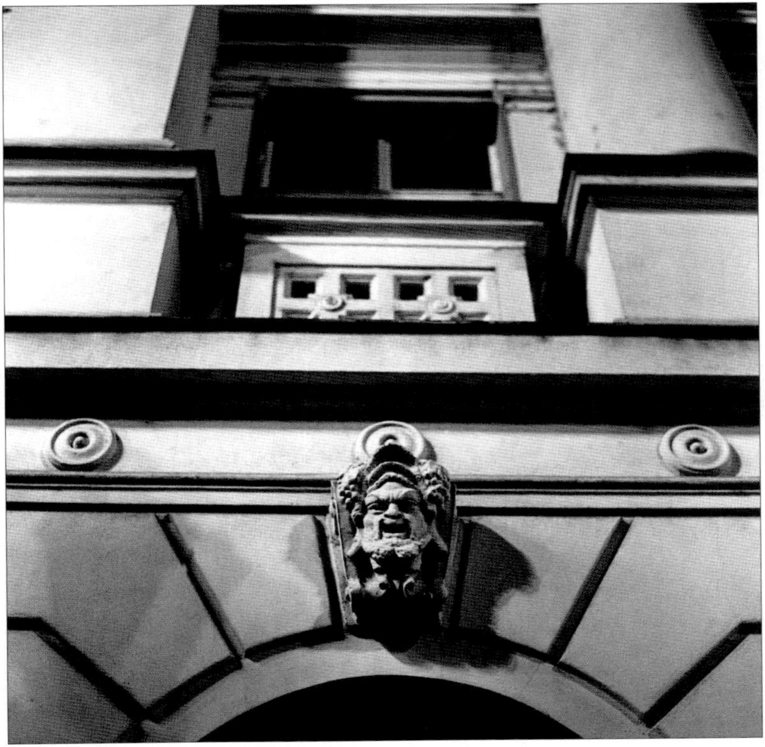

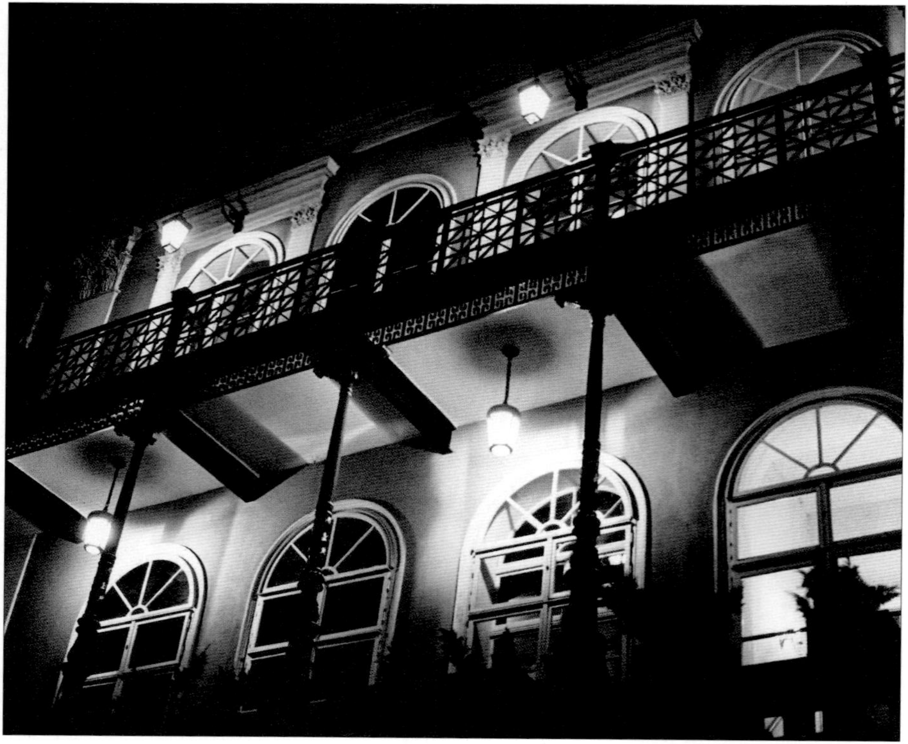

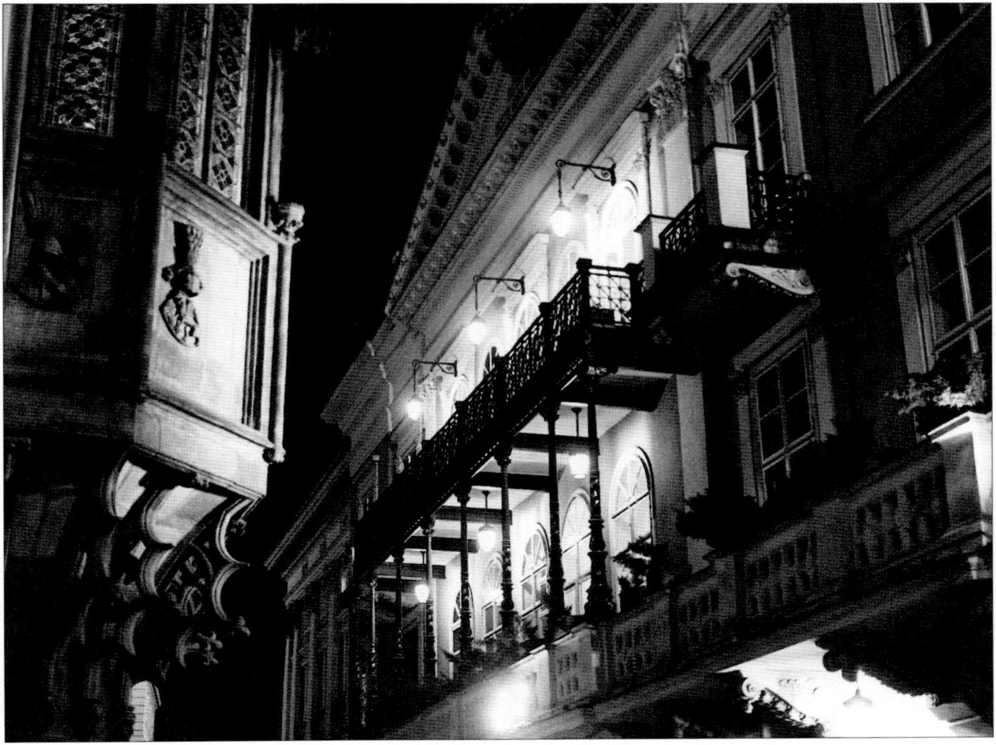

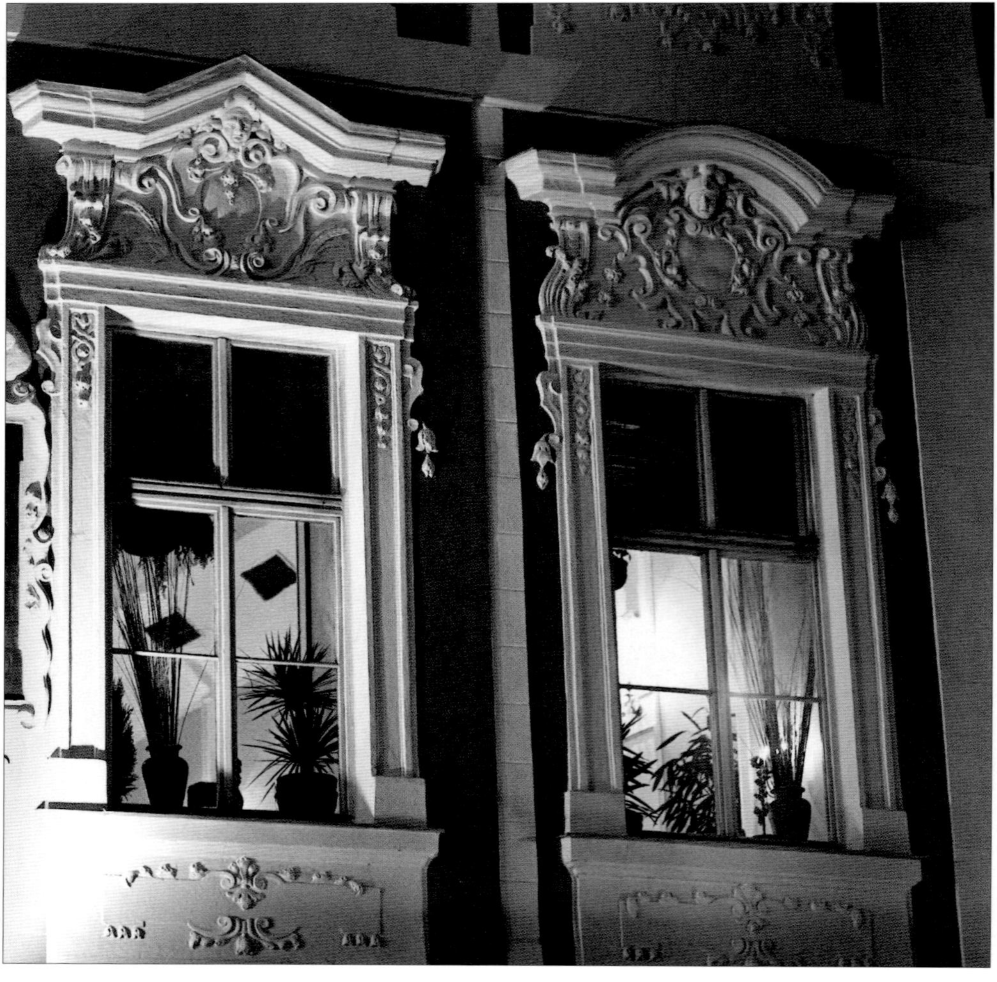

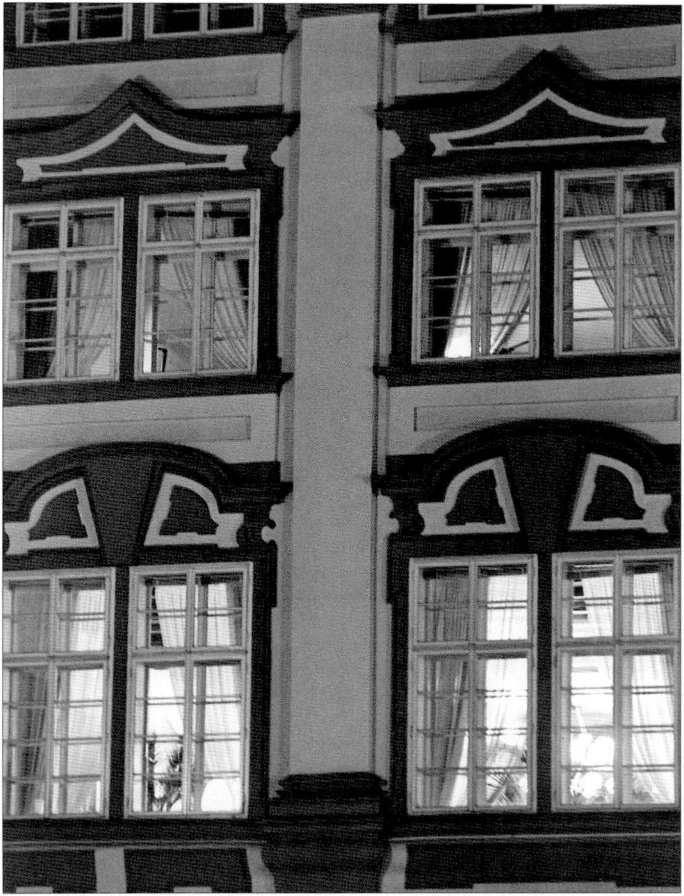

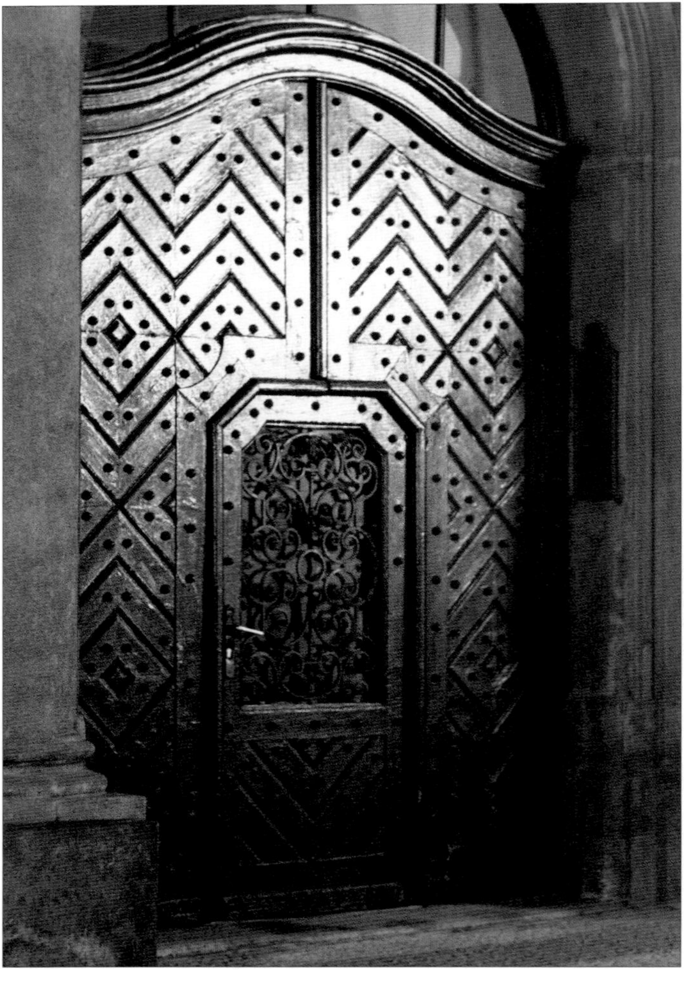

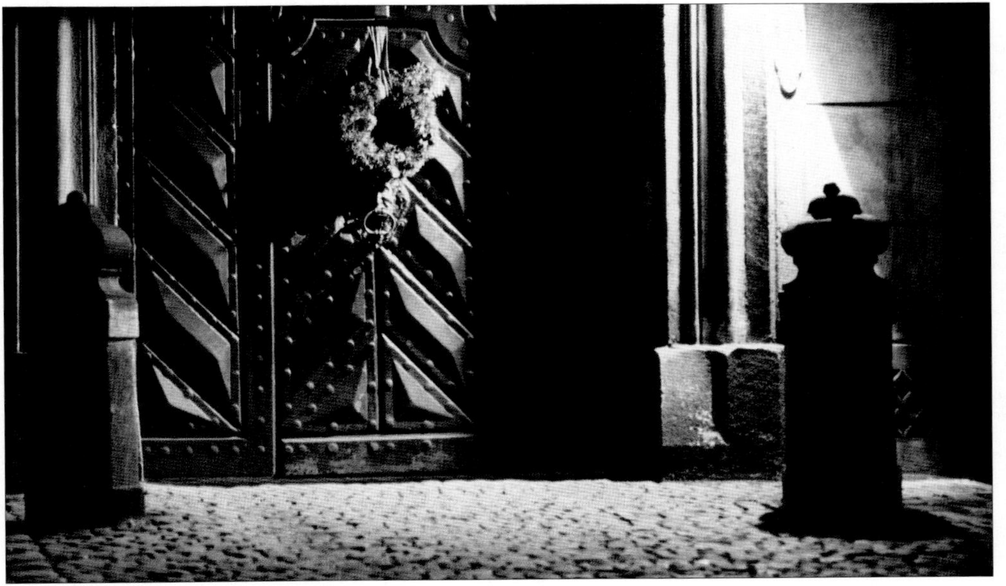

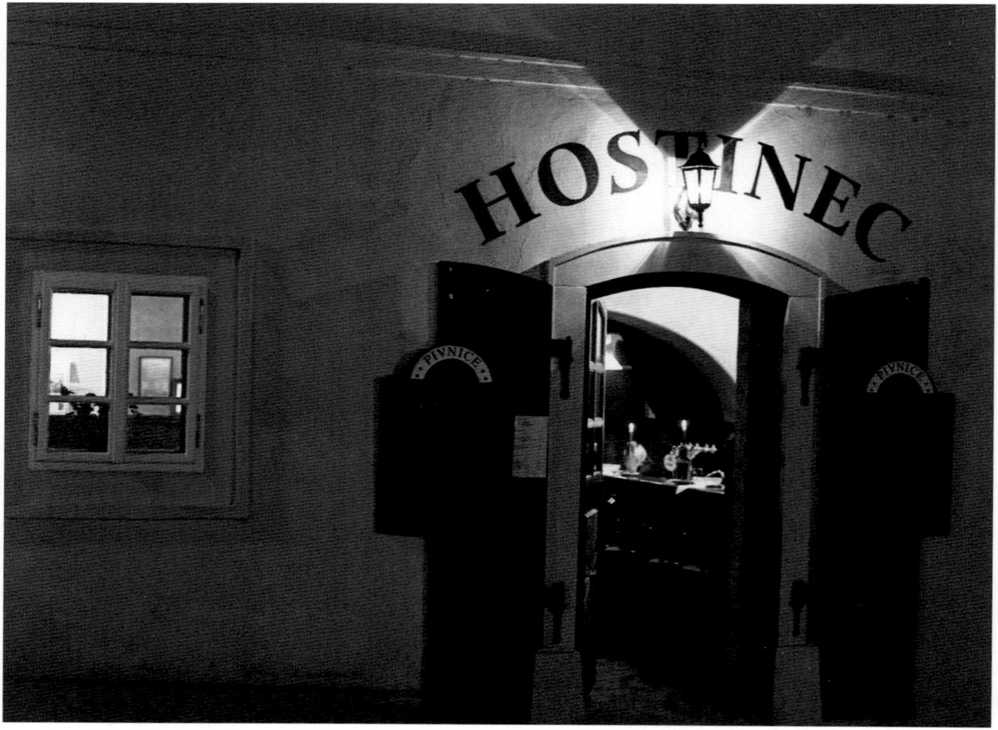
HOSTINEC
PIVNICE
PIVNICE

RESTAURANT
U TRI ZLATYCH HVEZD
WINE CELLAR
CESKA SUDOVA VINA
CZECH BARREL WINE
FONDUE
RESTAURANT MENU
150-180

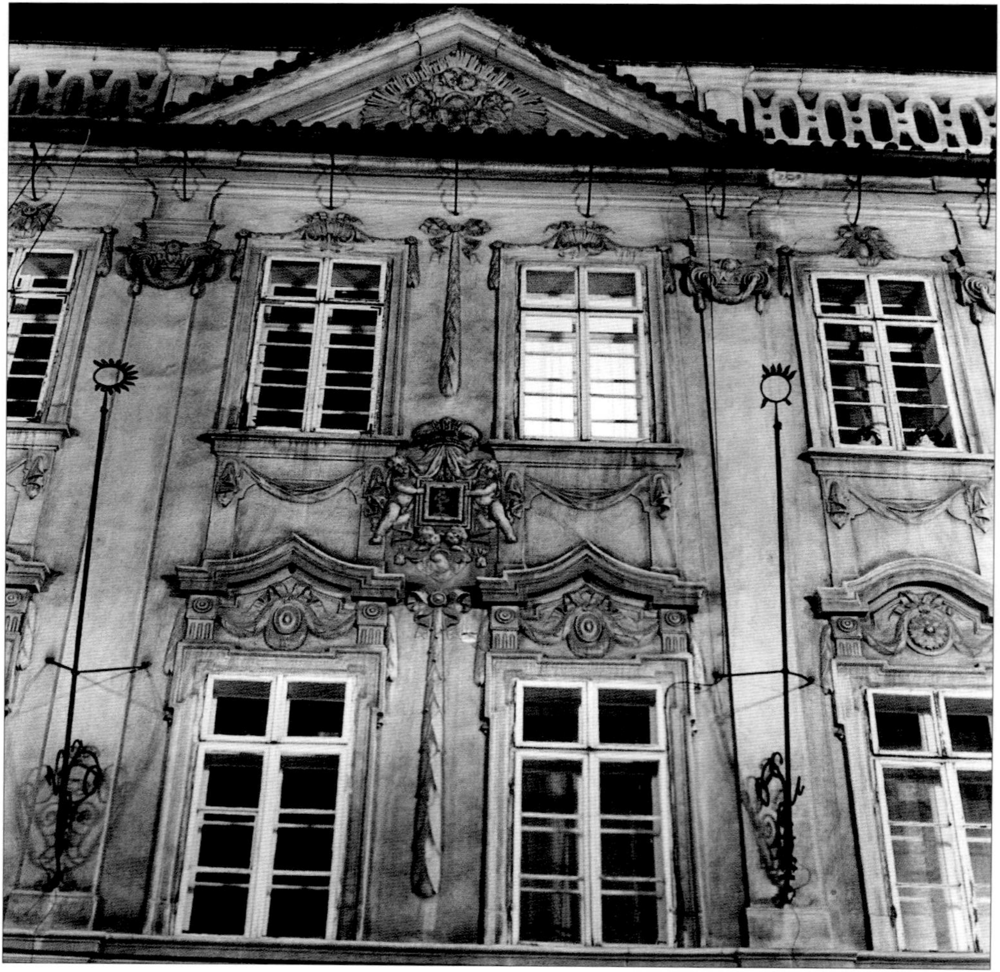

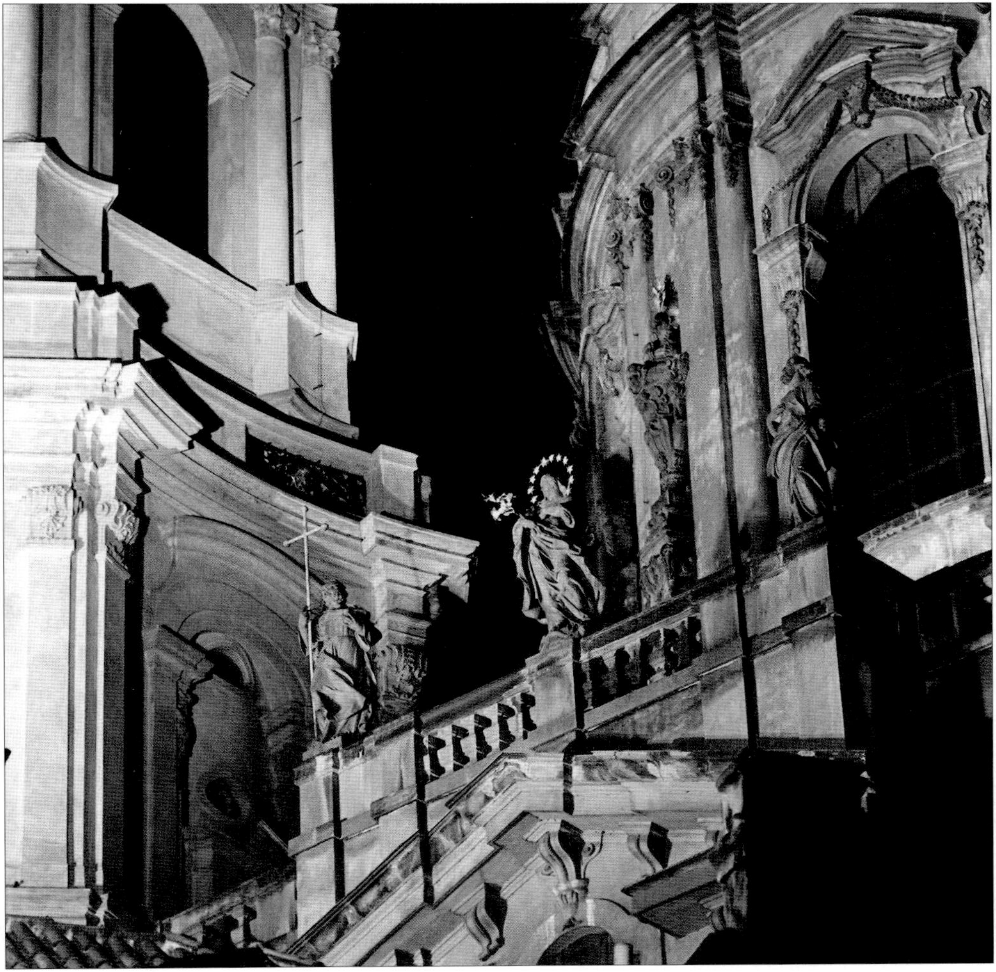

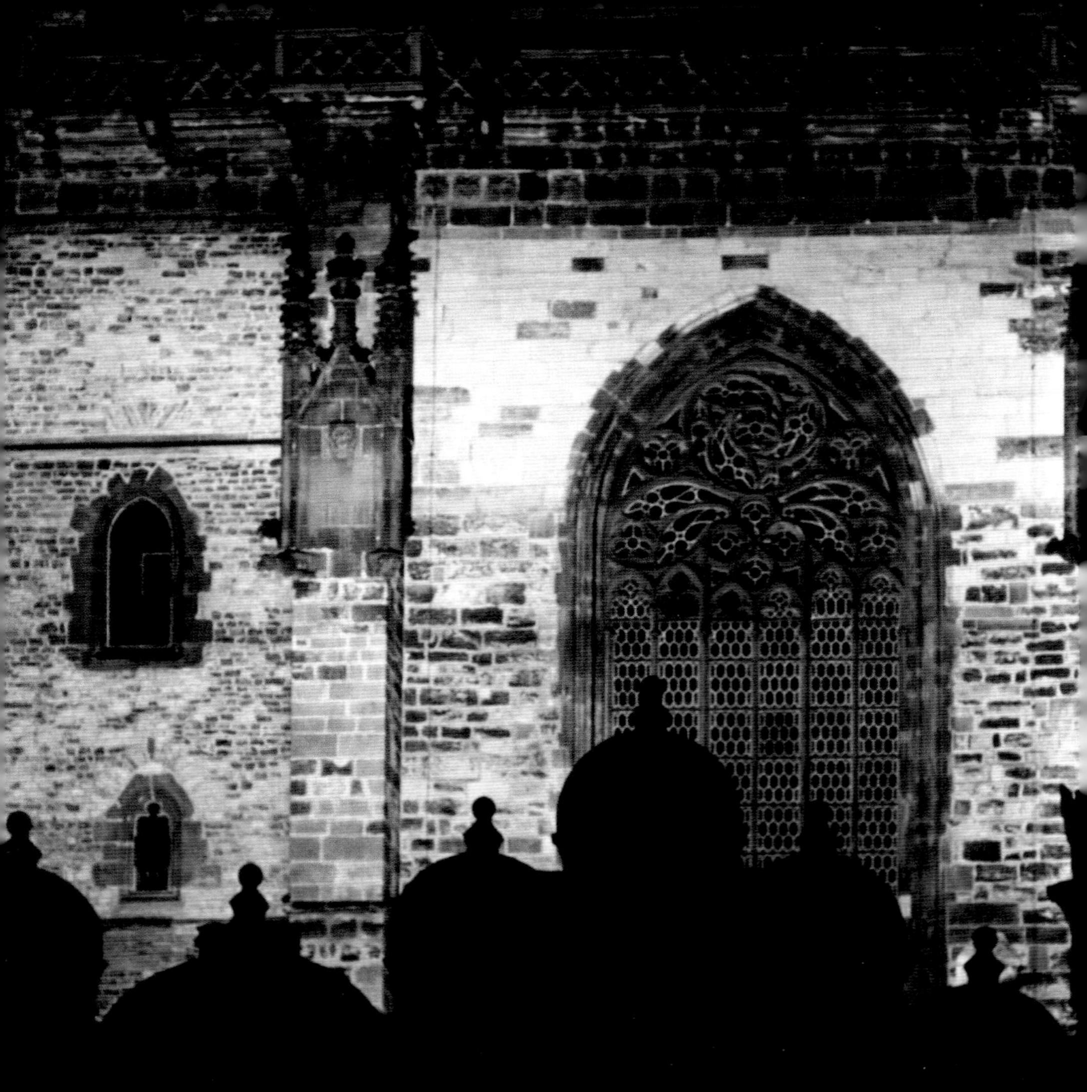

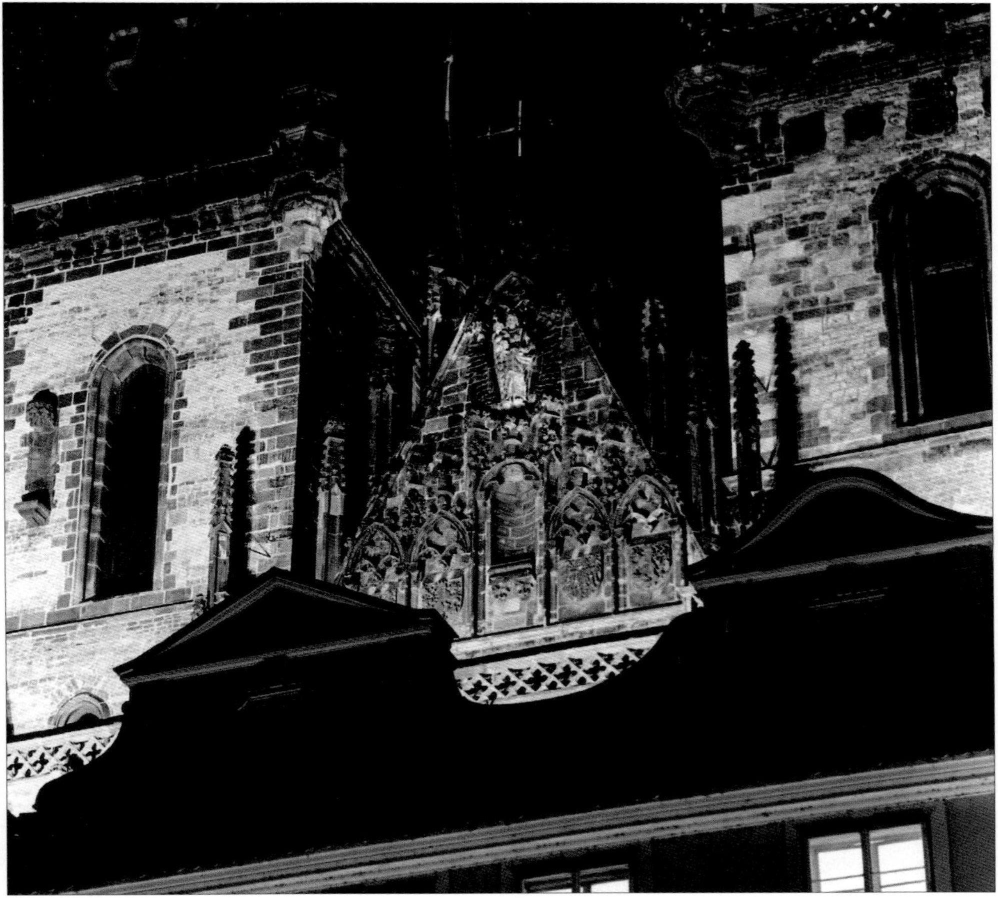

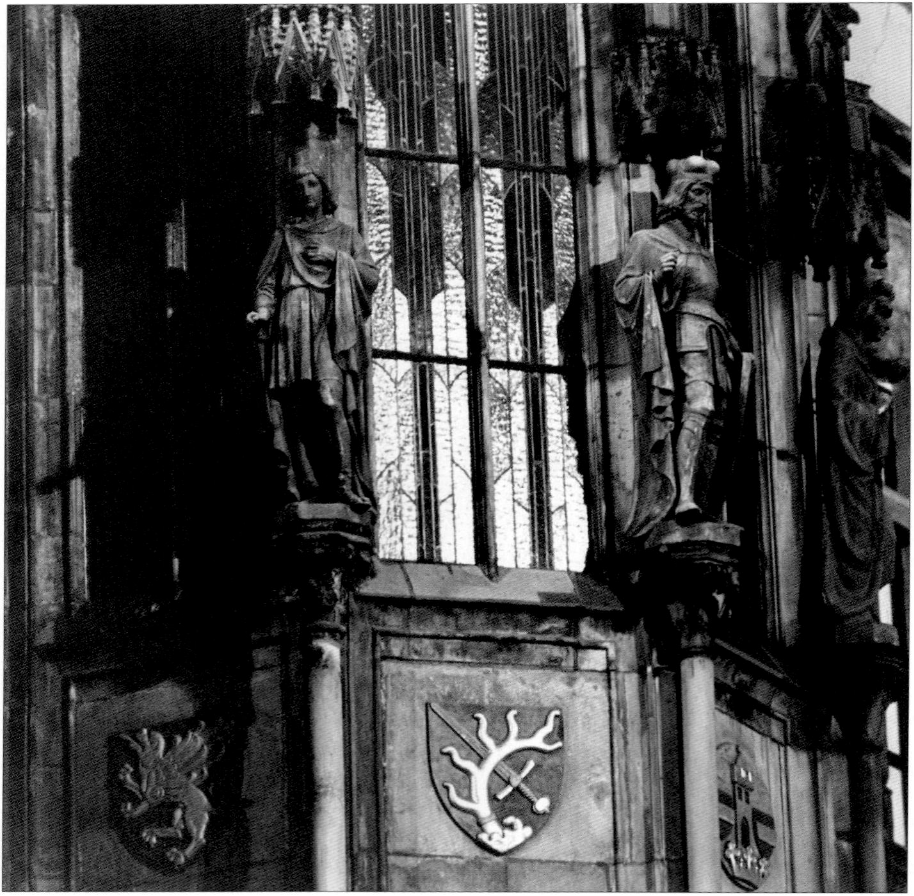

St.-Veits-Dom

Singende Fontäne im Königlichen Garten

Bella mia fiamma, addio
Die Entführung aus dem Serail

Anfang 1781 veranstaltete Wolfgang in Wien ein eigenes Konzert – und hatte Erfolg. Er entschloss sich in Wien zu bleiben. „Von Salzburg will ich nichts mehr hören", schrieb er dem unglücklichen Vater. Wolfgang hatte eher einen Grund, nicht mehr vom Vater zu hören als von Salzburg. Es hatte sich allerlei verändert. Die Webers hatten ihren Wohnsitz nach Wien verlegt, Aloysia hatte den Schauspieler Lang geheiratet, Fridolin Weber war tot, und die Witwe (mit drei unverheirateten Töchtern) verdiente ihren Unterhalt mit Zimmervermietung. Auch Wolfgang wurde ihr Untermieter. Er hatte dort nicht nur zwei Klaviere zur Verfügung, sondern auch jegliche häusliche Fürsorge – und die neunzehnjährige Constanze (1762 –1842), in die er sich verliebte. Er hatte jedoch Angst, es dem Vater mitzuteilen, und ist sicherheitshalber nach 4 Monaten von den Webers fortgezogen. Als er sich nach sehr langer Zeit schließlich dem Vater anvertraute, jammerte und warnte der Vater und weigerte sich strikt, seine Einwilligung zur Hochzeit zu geben. Leopold änderte sein Verhalten gegenüber den Webers sehr leicht, einfach und schnell.

In der Zeit schrieb Mozart zu einem deutschen Text die Oper „Die Entführung aus dem Serail", in der die weibliche Hauptfigur zufälligerweise ebenfalls Constanze heißt. Mozart brachte also all seine Liebe, Glück und Hoffnung in der Rolle der Opernheldin zum Ausdruck. Die Oper wurde am 16. 7. 1782 im kaiserlichen Theater der Hofburg uraufgeführt. Sie wurde mit Betretenheit aufgenommen: Der deutsche Text war ungewohnt, die Hauptrolle des Bassa Selim war eine Sprechrolle wie in einem Schauspiel, der Stil des Komponierens und die komplizierte Instrumentation waren ein Ausdruck der tonschöpferischen Vollendung, den Zuhörern jedoch schwer verständlich. Die italienische Oper war noch immer dominant und das Resultat: Mozart bekam keinen weiteren Opernauftrag. Und eine ständige Anstellung schon gar nicht.

Dessen ungeachtet hatte Wolfgang sein Schicksal fest in den Händen. Sein Verhalten gegenüber den Webers hatte er – im Gegensatz zum Vater – nicht geändert. Er wartete die väterliche Einwilligung nicht ab und hat Constanze am 4. 8. 1782 im Stephansdom geheiratet. „Das Hochzeitsmahl beschränkte sich auf ein Souper, das Frau Baronin von Waldstätten für uns veranstaltet hat und das eher fürstlich als baronisch war", protzt Wolfgang im Brief an den Vater vom 7. 8. 1782.

Und wiederum hat sich alles geändert: Das Publikum nahm nach einiger Zeit „Die Entführung aus dem Serail" als ein wahrhaftiges, großes Drama auf, das zur beliebtesten Oper von Mozart wurde. Ein Jahr später wurde sie in Prag, Leipzig und Bonn aufgeführt, noch später dann in München, Mannheim und Frankfurt. Leider erhielt Mozart für diese Vorstellungen, wie es zu jener Zeit üblich war, kein Honorar mehr. Die Honorare wurden nur für die Vertonung selbst (und ihre Niederschrift) ausgezahlt, nicht für ihre Aufführung. Für die Aufführung wurden lediglich die Interpreten honoriert – und die waren so dominant, dass sie die Kompositionen selbst aussuchten und bei Opern die Komponisten zu Änderungen bzw. Streichungen und zum Schreiben zusätzlicher Arien zwangen. Die Interpreten taten es, um selbst in gutem Licht zu erscheinen, d. h. um vorzeigen zu können, was sie können und zu vermeiden, was sie nicht können. Damals ging man ins Theater, um „diese" Sängerin und „jenen" Sänger zu sehen (und anzuhören), und die Opern wurden komponiert, um den Interpreten die

Möglichkeit zu geben, ihr Repertoire abzuändern. Es existierten keine Evergreens, denn niemand war bereit, selbst die allerschönsten Arien oder Lieder „nach jemand anderem" zu singen. Darum erstaunt uns heutzutage die „Simplizität" der Handlung vieler Opern, darum war „Die Entführung aus dem Serail" eine umstürzlerische Tat, in der Mozart ein wahrhaftiges Drama geschaffen hat.

Mozart hatte jedoch eindeutig Erfolg mit seinen Konzerten (und Honoraren) und wurde zu ihnen in die Häuser der Hocharistokratie geladen. Er veranstaltete sogar – nach väterlichem Beispiel – Konzerte in eigener Regie. Einmal hat er für ein einziges Konzert 1600 Gulden einkassiert, also einen Betrag, den sein Vater in Salzburg in fünf Jahren verdiente.

In Mozart glühte aber noch immer die Sehnsucht, die während seines ersten Wiener Aufenthalts im Jahre 1762 entflammt war, als er noch das „Wunderkind" war: das Verlangen nach dem Luxus der vornehmen Gesellschaft und der prunkvollen Paläste. Es schien, als ob Wien darin keine Konkurrenz hätte, und Wolfgang hat es sein Leben lang für die vollkommenste Stadt auf der Welt gehalten.

Das junge Ehepaar bemühte sich, die Atmosphäre der großen Häuser nachzuahmen. Zunächst schafften sie sich eine größere Wohnung an, zwei Hunde, Singvögel, Wolfgang hatte ein eigenes Reitpferd, und sie hatten selbstverständlich eine Haushälterin. Ihre Wohnung war stets voller Gäste: Es kamen Schüler zum Klavierunterricht, Freunde, um Kammermusik – oder Billard – zu spielen. Mozart tanzte gern und gut, es wurden Tanzabende, ja sogar ein Maskenball veranstaltet. Sie luden Gäste aus der höheren Gesellschaft ein, ein Adelsprädikat bedeutete freilich nicht immer auch eine volle Geldbörse. Aber Mozart hatte glücklicherweise auch reiche Mäzene: Baron Raimund Wetzlar, ein reicher Jude, stellte den Mozarts in seinem Haus gratis eine Wohnung zur Verfügung, die Baronin Waldstätten ließ an Wolfgang regelmäßig sein beliebtes Bier (sic!) senden.

Mozart hatte Glück, er hatte nicht das Bedürfnis, viel zu schlafen. Oder konnte er es nicht? Er war durch seine häufigen und plötzlichen Stimmungs- und Verhaltensumschwünge bekannt, die manchmal fast kindisch waren: Er sprang in Anwesenheit von Gästen über den Tisch oder über Stühle, miaute wie eine Katze oder schlug Purzelbäume. Es mangelte ihm völlig an Vornehmheit oder sogar Eleganz im Benehmen (auch beim Dirigieren im Theater) und wurde auch darin, nicht nur in der Musik, mit dem distinguierten Salieri verglichen – und er war der Verlierer. Dabei hat er viel gearbeitet: Er unterrichtete, konzertierte, komponierte. In dem unterschied er sich nicht von seinen Zeitgenossen. Warum spielte er also den Narren – und noch dazu vor Leuten, auf die es ihm ankam? Was wollte er dadurch verschleiern oder ersetzen? Seine Ausgefallenheit, seine „verrückten Launen" rührten angeblich nicht von Betrunkenheit her. War es sein Seelenzustand? Er wollte um jeden Preis „anders" sein als die anderen, so wie ihn der Vater „anders" haben wollte. Hatte er das Bedürfnis, sich ständig wie ein Kind vorzuführen, wie ihn der Vater als Kind dem Publikum vorgeführt hatte? Dann konnte allerdings auch eine fröhliche Gesellschaft Stress und Depressionen in ihm hervorrufen.

Man sollte noch sein Verhältnis zu seiner Frau Constanze wahrnehmen. Er war volle 10 Jahre (davon achteinhalb Ehejahre) bis zu seinem Lebensende (das ist zu betonen) „närrisch" in sie verliebt. Wenn er morgens fortging und Constanze noch schlief, pflegte er ihr beim Bett ein Schreiben zu hinterlassen: „...hoffentlich hast Du gut geschlafen... Du sollst Dich nicht bücken oder strecken, Du darfst Dich nicht mit dem Hausmädchen aufregen... Es darf Dir nichts passieren!" Das ist eine perfekte Anleitung, wie aus einem Faulpelz auch noch ein Hypochonder zu erziehen ist.

Im allerletzten Brief, den Mozart 2 Monate vor seinem Tod in den Kurort Baden an sie schrieb, ist zu lesen: „Mein liebstes, allerbestes Frauchen!... Gib Acht auf Dich und geh bei schlechtem Wetter nicht aus!... Ich küsse Dich Millionen Mal und bin ewig Dein."

Von seiner Berliner Reise im Jahre 1789 schrieb er: „Liebstes Frauchen, bei meiner Heimkehr musst Du Dich mehr auf mich als aufs Geld freuen." Das sind nicht Worte eines selbstbewussten und geliebten Mannes, der sich in Galanterie überbietet.

Wie soll man jedoch Selbstbewusstsein in einem Menschen suchen, der mit 26 Jahren solch einen demütigenden Brief schreiben muss: „Teuerster, allerliebster Vater! – Ich bitte Sie, ich bitte Sie um alles in der Welt, erlauben Sie mir meine teure Constanze heiraten zu dürfen... Ich küsse Ihnen tausendmal die Hände und bin Ihr Gehorsamster Sohn." (Brief vom 27. 7. 1782).

Wie wir wissen, hat der „gehorsamste Sohn" letzten Endes ohne die väterliche Einwilligung geheiratet. Wie hat er diesen moralischen Widerspruch in sich überwunden, durch welche Kraft hat er den Stress bewältigt: Den Vater nicht zu erzürnen und nicht um Constanze zu kommen, denn Mozart war, ungleich Salieri, nicht ständig von schönen Schauspielerinnen umgeben. Mozart war ein genialer Musiker, aber sonst war die Heirat solch ein Problem für ihn wie für kaum jemand – umso mehr, als es auch eine Prestigefrage war. Und nicht nur das. Wenn Mozart dem Vater die Notwendigkeit der Heirat damit begründete, dass sich die Frau um den Haushalt und das Wirtschaften kümmern sollte (wozu es schließlich sowieso nicht kam), war es vor allem die Unfähigkeit, allein zu sein, die sich in Angst vor dem Alleinsein bis zu Depressionen steigerte. Wir haben Wolfgangs nahezu kritiklose Liebe zu Constanze nachgewiesen, die war jedoch nur die andere Seite derselben Münze: Mozarts Bedürfnis, von jemand so zärtlich, rücksichtsvoll und sorgsam geliebt zu werden (wie er selbst es tat). Aber eben das hatte ihm beim Vater gefehlt. Die Mutter hatte ihn mit Liebe überschüttet, aber sie hat in der Familie des despotischen Leopold eine unwesentliche Rolle gespielt, und letzten Endes war sie zu der Zeit nicht mehr am Leben.

Wolfgang selbst hat die richtige Therapie für seine kranke Seele sehr genau definiert: „Ich bitte Sie um Einsicht und Mitleid mit mir – ohne meine teuerste Constanze kann ich nicht glücklich und zufrieden sein – und ohne Ihre Zustimmung wäre ich nur ein halber Mensch. Machen Sie mich also vollkommen glücklich, mein teuerster, allerbester Vater! Ich bitte Sie darum!" (Brief vom 9.1.1782).

Es ist uns bekannt, dass Leopold nur ein einziges Glück kannte, und zwar ein solches, zu dem er selbst sich nie durchgearbeitet hatte: Geld und Luxus. Und da man ihm wirklich keine Faulheit vorwerfen kann, ist es verständlich, warum er darauf bestand, dass dieses Glück von irgendwo anders kommen müsse. Und als ihm der Sohn bereits am 22. 12. 1781 geschrieben hatte: „Es ist doch ein Mädchen, dem nichts anderes fehlt als Geld", war die Entscheidung gefallen.

„Wo soll man Kräfte sammeln?", ruft Wolfgang am 27. 7. 1782 verzweifelt und vergeblich. Warum vergeblich? Stand ihm denn nicht seine Constanze zur Seite? Leider nicht.

Man muss sich vergegenwärtigen, dass, je größer Wolfgangs Abhängigkeit vom Vater war, seine Einsamkeit de facto umso größer war. Zum Schluss blieb nur der einzige Ausweg übrig: Der „gehorsamste Sohn" musste sich vom „teuersten und allerliebsten Vater" losreißen. Aber war das nicht ein Schritt vom Regen in die Traufe?

Wer versucht hat nachzuforschen, wer und was für ein Mensch Constanze eigentlich war, ist meist von drei autenthischen Quellen ausgegangen: Wolfgangs Brief vom 15. 12. 1781 und zwei Porträtzeichnungen.

Wolfgang schrieb: „Sie ist nicht hässlich, aber auch nichts mehr als hübsch. Ihre ganze Schönheit liegt in zwei kleinen schwarzen Augen und der anmutigen Figur. Sie ist nicht besonders gescheit, aber hat genügend gesunden Verstand, um ihre Pflichten als Frau und Mutter gut zu bewältigen. Man könnte nicht behaupten, dass sie prunksüchtig ist. Im Gegenteil, sie ist an bescheidene Kleidung gewohnt. Denn das Wenige, was die Mutter den Kindern hatte geben können, hat sie den zwei anderen gegeben, ihr jedoch nichts. Freilich, sie kleidet sich geschmackvoll und sauber, aber sie ist nicht putzsüchtig. Und die meisten Sachen, die eine Frau benötigt, macht sie selbst... Sie versteht etwas vom Haushalt, hat das beste Herz in der Welt... könnte ich eine bessere Frau finden?" und er fügte hinzu: „Haben Sie also Mitleid mit Ihrem Sohn!"

Auf einem der Porträts ist Constanze als heranwachsendes Mädchen und am anderem (aus dem Jahre 1782) bereits als die junge Frau Mozart abgebildet. Die erste Zeichnung ist ziemlich schematisch und nichtssagend, die zweite ist schon interessanter: Es handelt sich offensichtlich um das Porträt einer jungen Bürgersfrau, aber der Autor J. Lang hat in ihm den eigentümlichen, starren und herrischen Blick der Augen und das verächtliche Lächeln der Lippen im hübschen, ausdrucksvollen, ovalen Antlitz festgehalten.

Wolfgangs Beschreibung ist kein Vertrauen zu schenken – sie ist allzu klar für Leopolds Geschmack „maßgeschneidert".

Es gibt jedoch in Prag in der Bertramka noch ein weiteres Bildnis von Constanze, das der Maler – wie es scheint – aus eigenem Interesse gezeichnet hat. Constanze war auch nach heutigen Maßstäben eine Schönheit und unterließ es nicht, es durch eng anliegende und dekorative Kleidung zu betonen. Eine schlanke Gestalt, dichtes, schwarzes, nach hinten gekämmtes Haar, ein längliches Gesicht mit markanten Zügen, schwarze Augen, als ob sie südlicher (italienischer) Herkunft wären, der Blick starr, konzentriert, zielbewusst. Aus der ganzen Erscheinung ging hervor, dass sie sich nicht mit einem x-beliebigen Bräutigam zufrieden gegeben hätte.

Warum hatte sie also den von der älteren Schwester (Aloysia) abgewiesenen Mozart geheiratet? Oh, wie sehr stimmen Wolfgangs grenzenlose Ergebenheit, Fürsorge – und Unwirtschaftlichkeit mit diesem letzten Porträt überein. Wolfgang behauptet, die Liebe „wäre erst durch ihre zärtliche Fürsorge und Zuvorkommenheit (als ich bei ihnen wohnte) aufgekommen" und beantwortet auch mit absoluter Genauigkeit unsere Frage: „Es ist doch ein Mädchen, dem nichts anderes fehlt, als Geld". Und Mozart war in seiner Gefühlsnot der einzige, der bereit war, Tausende von Gulden für sie aufzutreiben, ihr den letzten Groschen zu opfern und schließlich Schulden zu machen.

Wollen wir den Ereignissen vorgreifen und einen Vergleich ziehen: Als 47-jähriger Witwe ist Constanze etwas gelungen, was damals kaum eine Frau fertig brachte – sie heiratete den dänischen Legationsrat Nissen, der zum größeren Ruhm von „Mozart Witwe" die erste Biographie von Mozart geschrieben hat.

Über das tatsächliche Verhältnis zwischen Wolfgang und Constanze vor der Eheschließung gibt es nur ein einziges direktes schriftliches Zeugnis: Mozarts Brief vom 29. 4. 1782 (also 3 Monate vor der Hochzeit). „Sie haben mir (ungeachtet all meiner Bitten) dreimal einen Korb gegeben und haben mir ins Gesicht gesagt, Sie wollten nichts mehr mit mir zu tun haben... Wenn Sie schon der Versuchung nicht widerstehen konnten, am Spiel teilzunehmen... so etwas tut eine auf ihre Ehre bedachte Frau niemals... Sie sehen doch, wie sehr ich Sie liebe – ich gerate nicht in Wut wie Sie..."

Königlicher Garten

Das stimmt nicht besonders mit der „zärtlichen Fürsorge und Zuvorkommenheit" und mit dem „besten Herzen in der Welt" überein. Wolfgang redet sie dabei im Brief mit „Liebste, beste Freundin" an. Was konnte Wolfgang aber tun? Hatte er einen anderen Ausweg? Nun nicht mehr, weil er die Familie Auernhammer, bei der er wohnte und deren Tochter Josefa sich in ihn verliebt hatte, am 31. August 1781 definitiv verlassen hatte. Josefa hatte er jedoch nicht haben wollen. Die Verhältnisse in der Familie haben ihn abgestoßen, Josefas robuste Gestalt gefiel ihm nicht, ihr Gesicht beschrieb er als Teufelsfratze. Er äußerte sich auch verächtlich über ihr Klavierspiel, „denn noch bevor wir einander kennen gelernt hatten, hat sie im Theater nach dem Anhören meines Spiels gesagt: „Mozart kommt zu mir und ich werde ihm seine Variationen genauso gut vorspielen wie er" (Brief an den Vater vom 22.8.1781). Wie hatte er sich geirrt! Josefa von Auernhammer wurde Konzertpianistin und ist lange öffentlich aufgetreten. Und übrigens: Warum hätte er gerade ihr 6 Sonaten gewidmet, die am 24. November 1781 bei der Wiener Firma Artaria im Druck erschienen, hätte sie sie nicht spielen können?

Gedenken wir der „Berufsehen" der Dušeks, Bondinis, der zwei Schwestern von Constanze, Aloysia und Josefa, und erwähnen wir, was Vater Leopold gern gesehen hätte: die reiche Braut von Salieri. Constanze hatte zwar (nach der damaligen Auffassung) etwas Musiktalent und auch die Ausbildung, sie konnte vom Blatt singen. Sie hat jedoch nie die professionelle Laufbahn einer Sängerin (wie ihre Schwestern) erwogen, obwohl sie für die Zukunft mit keiner Mitgift ausgestattet war. Sie war einfach ein „Mädchen, dem nichts anderes fehlt als Geld", und hat deshalb einen Mann geheiratet, der „nie um des Geldes willen heiraten würde".

Wolfgang war ausgesprochen in der Klemme. Wünschte er sich tatsächlich einen eigenen, bescheidenen und wirtschaftlichen Haushalt, wie er dem Vater geschrieben hatte? Wahrscheinlich ja.

Ungelt

Irgendwann im Juli 1782 ist Constanze – angeblich Mozart zuliebe – für einige Zeit zur Baronin Waldstätten übersiedelt. Es ist bekannt, dass Intellektuelle, die bei adeligen Familien als Lehrer und Musiker tätig waren (die letzteren wirkten auch als Musiklehrer), oft in adeligen Häusern, die sie mehr oder weniger regelmäßig wechselten, zum Mittagessen geladen wurden (der Hauptmahlzeit des Tages). Sie machten keinen Hehl daraus, dass sie da gut und umsonst essen konnten. Ist Constanze nur Mozart zuliebe zur Baronin gezogen? Mutter Weber, die „sich gern einen zu Gemüte führt, und zwar mehr, als es sich für eine Frau schickt" (Brief von W. A. M. vom 10. 4. 1782), wollte die Tochter durch die Polizei heimbringen lassen. Ein weiteres Malheur – und Wolfgang schreibt der Baronin einen erregten Brief und bittet sie um Hilfe.

Die Hochzeit fand also am 4. 8. 1782 im Wiener Stephansdom statt. Wolfgang schrieb an den Vater: „Ich bitte Sie, mir mein voreiliges Vertrauen in Ihre väterliche Liebe zu verzeihen". An der Trauung haben außer den 3 Zeugen nur die Mutter und die Schwester der Braut teilgenommen.

Im Juni 1783 (wie es sich gehört) wurde dem jungen Ehepaar ein großer, kräftiger und stattlicher Junge geboren, der den Namen Raimund Leopold erhielt (nach dem Mäzen Raimund Wetzlar, ihrem Hausherrn, und nach dem Großvater). Wolfgang, der die ursprüngliche Ursache siener körperlichen Schwäche sicherlich kannte, stellte für das Kind eine Amme ein. Ihr haben sie den Sohn anvertraut, als sie Ende Juli 1783 nach Salzburg reisten, um den Vater und die mit 31 Jahren immer noch ledige Schwester Nannerl zu besuchen. Obwohl Constanze von beiden höflich, aber kühl empfangen wurde, hat sich der Besuch bis Anfang Dezember in die Länge gezogen – und in Wien fanden sie ihren Sohn nicht mehr vor. Er war im August gestorben. Die Mutter ist nicht einmal zu seinem Begräbnis gekommen – letzten Endes später auch nicht zu dem ihres Mannes.

Solch ein Mensch war Constanze Mozart.

Königlicher Garten

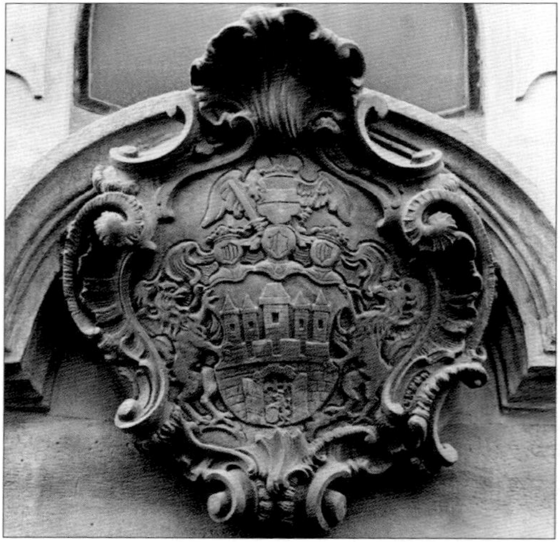

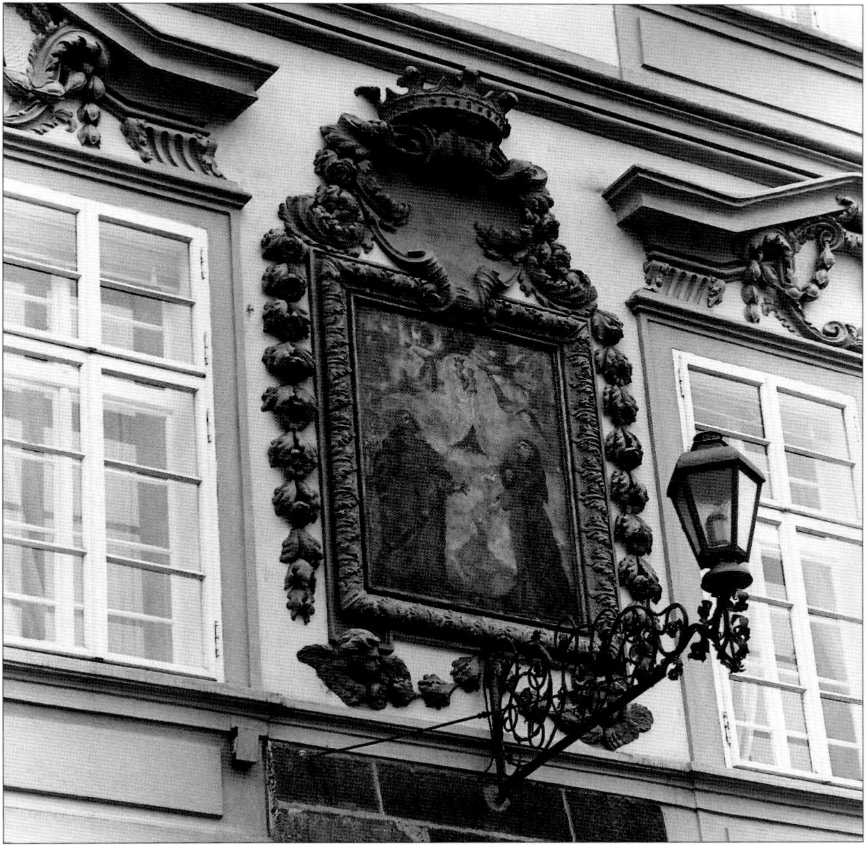

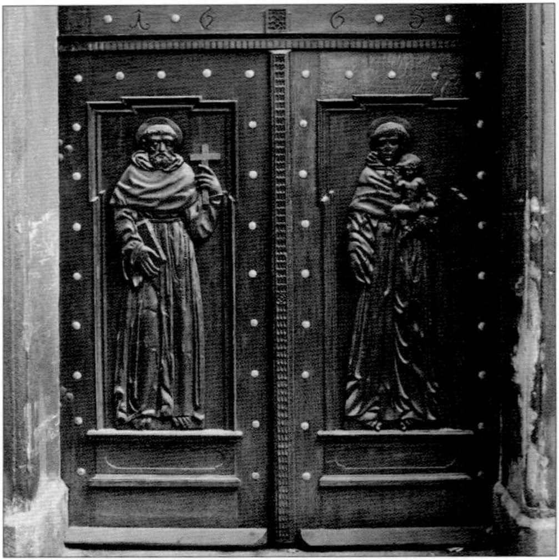
1 6 6 5

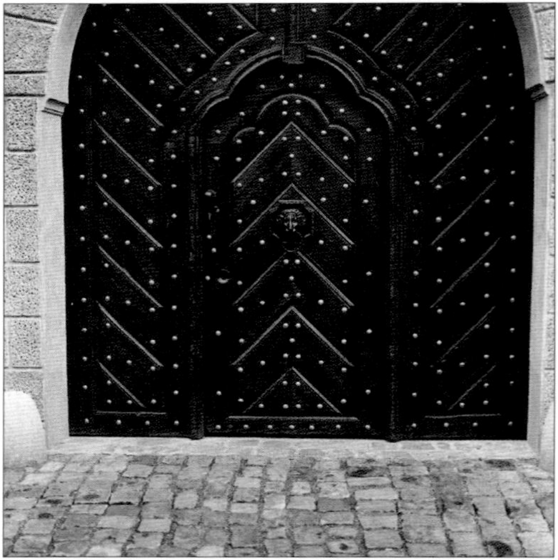

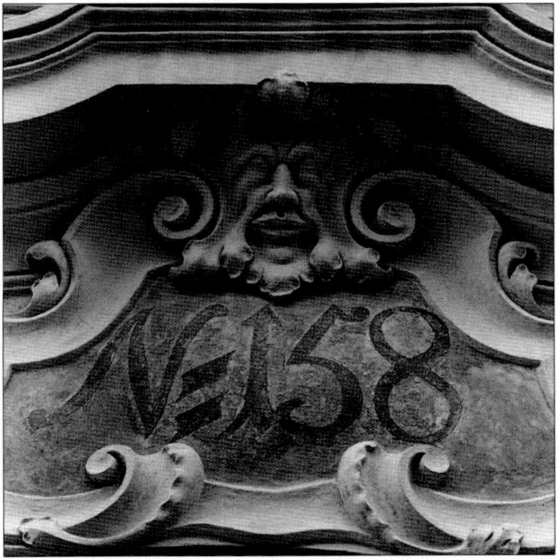
No 158

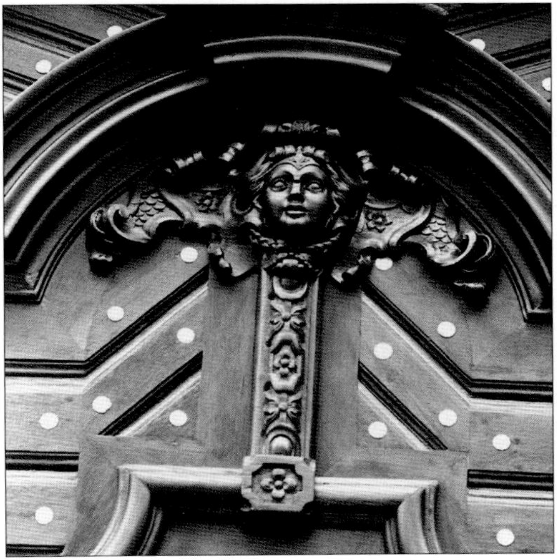

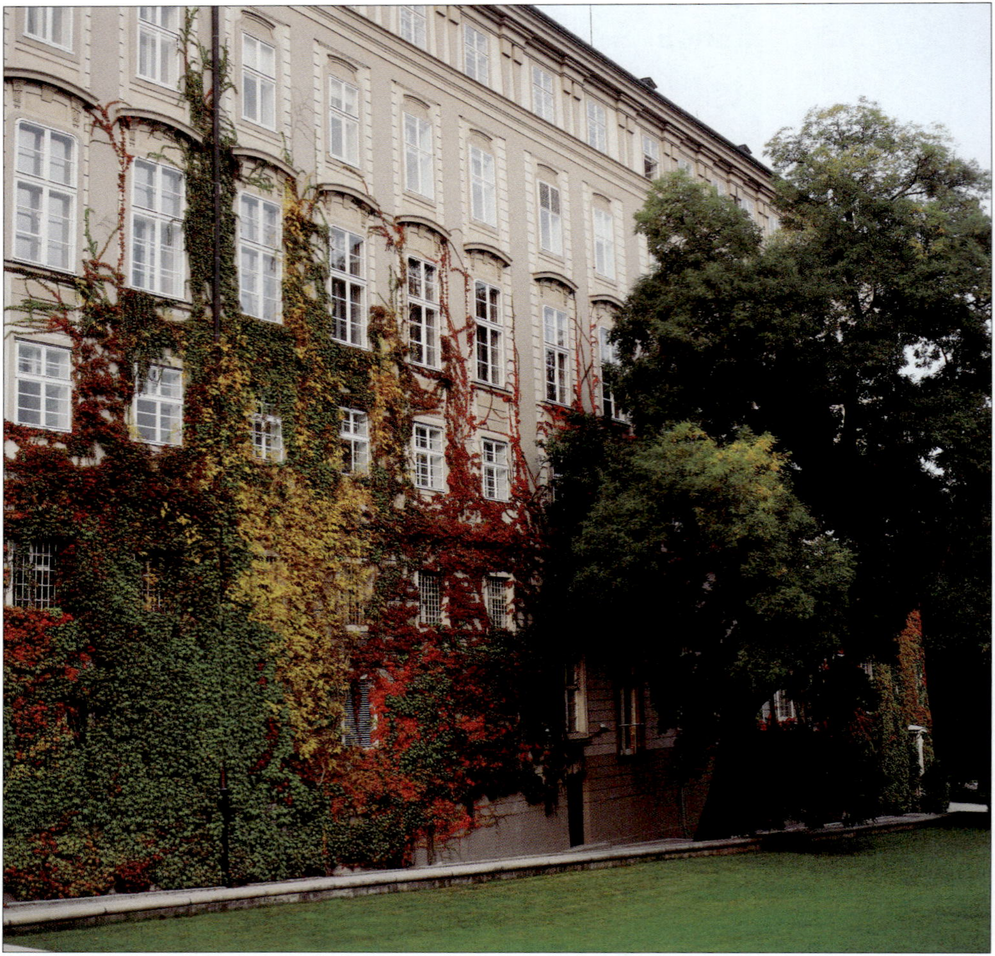

Bella mia fiamma, addio
Die Hochzeit des Figaro

„Teuerster, allerbester Vater! – ich wünschte, ich hätte es vom lieben Gott schriftlich, dass ich gesund bleibe und nicht krank werde..." (Wien am 23. 1. 1782).

Wer so eine Frau bekommt wie ich, kann sicherlich glücklich sein. Wir werden ruhig und bescheiden leben und dennoch zufrieden sein. Und habt keine Sorge... falls ich... krank werde, die vornehmsten Edelleute würden mich unterstützen... Das kann ich mit Bestimmtheit sagen." (Wien am 27.7.1782).

Es waren jedoch weder eine Anstellung bei Hof noch ein Opernauftrag vorhanden. „Die Entführung aus dem Serail" wurde am 16.Juli 1782 uraufgeführt, und dann verdiente Mozart seinen Lebensunterhalt als Musiklehrer – er gab Stunden – und durch Veranstaltung von Konzerten. An denen mangelte es ihm nicht, oftmals jeden Abend einige Tage nacheinander in Adelspalästen, wo der Lohn garantiert war und er weder Miete noch für die Beleuchtung des Saales zu zahlen hatte. Diese Konzerte durchlegte er mit eigenen so genannten Akademien, bei denen er sowohl die Kosten als auch das Risiko der Einnahmen trug. Darum war es üblich, Subskriptionen auszuschreiben und die Akademie bei mangelndem Interesse abzusagen. Hier traten in Mozarts (als dem Veranstalter) Regie auch andere Musiker einschließlich Sänger auf. Auch Mozarts Schwägerin Aloysia Lang organisierte eigene Akademien und lud Mozart zu ihnen ein.

Im Jahre 1784 erwartete Constanze das zweite Kind, und Wolfgang war einige Wochen lang schwer krank. Es handelte sich wahrscheinlich um ein Nierenleiden. Am 21. September 1784 wurde Karl Thomas geboren. Nach Wolfgangs Tod war er in Prag in Erziehung, u. a. auch bei den Dušeks. Er blieb Junggeselle, wurde Beamter und erreichte das Alter von 74 Jahren. Als Erbe der Urheberrechte hat er für die Pariser Aufführung der „Hochzeit des Figaro" einen Landsitz in Italien gekauft. Er starb im Jahre 1858 in Mailand – (das der tschechische Feldmarschall Johann Josef Wenzel Graf Radetzky von Radeč (1766–1858) während des Aufstands im Jahre 1848 für das Habsburgerreich behauptet hatte. In Prag wurde ihm dafür ein Denkmal errichtet). (+)

(+) Siehe das Kapitel „Notizen aus Mailand" in meinem Buch CESTOU NECESTOU (über Stock und Stein).

Kurz nach Karls Geburt sind die Mozarts „ganz ruhig und bescheiden" in eine Luxuswohnung hinter dem Stephansdom übersiedelt. Die Wohnung hatte 3 große Zimmer, ein Arbeitszimmer mit stuckverzierter Decke, 2 kleine Zimmer und mehrere kleine Zimmerchen. Eines der großen Zimmer war dem Billardspieler bestimmt.

Es steht ohne Zweifel, dass „der Sohn seines Vaters" seinen Erfolg durch pompösen Luxus zur Schau stellen wollte. Über die angeborene Bescheidenheit von Constanze haben wir – zum Unterschied von Wolfgang – Bedenken. Nun hatte ihr Wolfgang gezeigt, was sie sich als Frau Mozart erlauben kann, und sie ließ es sich gern gefallen. Wolfgang ahnte nicht, was für eine Schlinge er sich da um den Hals legt. Jemand hat berechnet, dass Mozarts Jahreseinkommen bis zu 3000 Gulden betrug. Es war um 8,5 mehr, als sein „teuerster und allerbester Vater" verdiente und fast 4-mal mehr als das Gehalt von Salieri als Direktor der kaiserlichen Oper. Wenn man einen Vergleich zieht, dass das Gehalt eines Universitätsprofessors 300 Gulden, also ein Zehntel davon, und das Einkommen eines Lehrers bloße 22 Gulden jährlich (ergänzt durch Naturalbezüge) betrug, muss man feststellen, dass das Unternehmen im Unterhaltungssektor bereits im 18. Jahrhundert zu den lu-

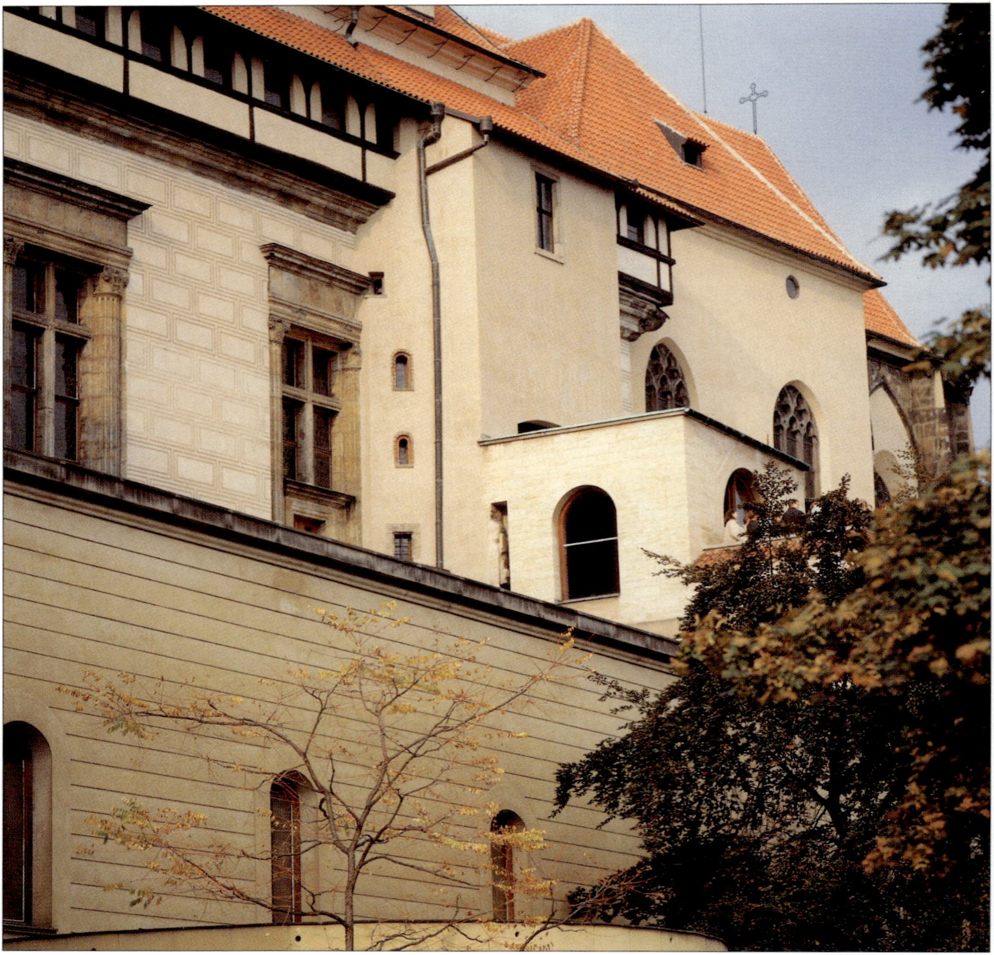

krativsten Tätigkeiten gehörte.

Aber schon im November 1785 schreibt Mozart einen Brief an einen Freund, in dem er ihn dringend bittet, ihm „einstweilen etwas Geld zu leihen, weil ich es im Augenblick dringend brauche." Hier, am Höhepunkt des Wohlstandes, der schöpferischen Kraft und des künstlerischen Erfolgs beginnt der jähe Umbruch und der unablässige wirtschaftliche Abstieg in Schulden. Über den Grund dieses Darlehens kann man nur raten. Dies „ich habe es im Augenblick dringend nötig" könnte „zum Wetteinsatz ins Spiel" bedeuten (ins Billardspiel, das er daheim betrieb) und ein alltäglicher Ausdruck der Spielleidenschaft sein, wie übrigens manche daraus folgern. Doch die Spielleidenschaft ist in der psychischen Sphäre des Menschen ein Substitut der Hoffnung (endlich) auf einen bedeutsamen und sichtbaren Erfolg, der Ersatz fieberhafter Aktivität in der Leere der Möglichkeiten, das Totschlagen der Langweile im Überfluss freier Zeit. Hatte Mozart so etwas nötig? Nicht im Mindesten! Der Verdacht würde so auf Constanze fallen, die neben dem stets beschäftigten Mozart einen Überfluss an Freizeit hatte. Brigitte Hamann schreibt, ohne ihre Informationsquelle zu verraten: „Beide Mozarts liebten es Menschen um sich herum zu haben, sie tanzten, spielten und scherzten gern." Mozart „komponierte unaufhörlich, beim Billard- und beim Kegelspiel, beim Mittag- und Abendessen, beim Barbier und beim Schneider, während Fiakerfahrten und Spaziergängen." Constanze schrieb: „Er hat es niemals fertiggebracht, sich völlig von seinen Musikideen freizumachen. Er spielte sehr gern Billard, hat jedoch während des Spiels komponiert. Und wenn er sich mit Freunden unterhielt, hörte er im Geist nicht auf zu arbeiten." Er komponierte zu allen möglichen Anlässen, was man von ihm verlangte und wofür er bezahlt wurde. (+) Ein echter Profi! Aber die Diagnose der Spielleidenschaft ist dadurch völlig ausgeschlossen! Mozart war kein Amateur, der lediglich zum eigenen Vergnügen komponierte (auch wenn er viele seiner Kompositionen an Freunde verschenkt hat) noch war er ein „heiliger Narr", der in Gedanken aus dieser Welt in die Welt der Töne entweichen wollte. Nur „freischaffende" Künstler wissen, was für eine Bürde es ist, etwas Verkäufliches ohne vorherigen Auftrag, d. h. ohne den konkreten Konsumenten zu kennen, zu schaffen.

(+) B. Hamann

Mozarts Leben kann in drei bezeichnende Zeitabschnitte eingeteilt werden:

– Wunderkind,

– Komponist (Schöpfer) der Vollkommenheit,

– Jagd nach Geld.

Und es besteht kein Zweifel, dass man den Beginn des dritten Zeitabschnitts genau ab November 1785 datieren kann. Er dauerte dann volle sechs Jahre seines kurzen Lebens.

Ende Oktober 1785 begann Mozart „Die Hochzeit des Figaro" zu schreiben. Er hatte Glück: Der Hoflibrettist Da Ponte war mit Salieri in Streit geraten, weil ihre letzte Oper keinen Erfolg gehabt hatte. Da Ponte hatte also einen Grund, in Zusammenarbeit mit Mozart zu zeigen, dass „er es kann". Es gab da aber noch einen anderen Grund: Salieri hatte mit dem größten Konkurrenten von Da Ponte an einer Oper nach Beaumarchais zu arbeiten begonnen – und Mozart hatte sich ebenfalls für eine Vorlage nach Beaumarchais entschlossen. Überdies hatte der Kaiser kurz vor der Premiere dem Ensemble von Schikaneder die Aufführung desselben Schauspiels, wenn auch autozensuriert, untersagt. Für Mozart war die Arbeit an der Oper sowohl psychisch als auch physisch anstrengend. Er musste vor allem durch Musikunterricht und Veranstaltung von Konzerten Geld verdienen, und die Oper musste er „im Galopp" komponieren.

Wenn Mozart Ende Oktober mit dem Komponieren des „Figaro" begonnen hatte und schon im November „im Augenblick dringend etwas Geld brauchte" (nicht beziffert, die Summe des Bedarfs ist also im Voraus nicht bekannt), muss man über den Zusammenhang des psychischen und physischen außerordentlichen momentanen Kraftaufwands und des momentanen dringenden Geldbedarfs nachdenken. Sollte es nicht zur Überwindung jenes Kraftaufwands dienen? Der im Voraus unbekannte Betrag des Bedarfs weist darauf hin. Das oben angeführte Zitat zeigt Mozart nicht nur als einen außerordentlich arbeitsamen (dazu würde genügen, sich Ruhe zur Arbeit zu erzwingen), aber auch als einen ängstlichen Menschen unter Stress, der beim Essen oder Rassur an seine Verpflichtungen denkt und aus Angst, ihnen nicht gerecht zu werden, auch dort komponiert. Er pflegte dabei angeblich launenhaft, oft melancholisch und zeitweise wie schlafwandlerisch zu sein. Das einzige damals bekannte und leicht zugängliche Psychotronikum war Wein – und Mozarts Vorliebe für Wein ist besonders aus der letzten Zeit seines Lebens nachgewiesen. Ein wenig Wein zur Aufmunterung und zur Befreiung vom Stress hatte Mozart wirklich gerade damals sehr dringend nötig.

Mozart beendete „Die Hochzeit des Figaro" am 29. April 1786 und sie wurde am 1. Mai 1786 im Wiener Hoftheater uraufgeführt.

Antonio Salieri erhielt 3 Jahre (!) Urlaub und reiste nach Paris ab, wo er großen Erfolg erntete. – (Man sollte hier an Leopold Mozart erinnern, was für große Mühe und wie viel finanzielle Mittel er dafür aufgewendet hatte, um den Sohn gerade in Paris durchzusetzen. Nur dass die Regie von Wolfgangs doppelter Pariser Odyssee schlecht geführt war, und auch der Zeitpunkt war schlecht gewählt: Paris mochte keine unbekannten Künstler.)

Es könnte den Anschein erwecken, dass sich durch Salieris Abreise Raum und Chancen für Mozart eröffnet haben. „Die Hochzeit des Figaro" wurde im Ganzen neunmal gespielt, die Arien und sonstige Auftritte wurden auf Wunsch des Publikums wiederholt, so dass eine Vorstellung bis zu 6 Stunden dauerte. Es handelte sich trotzdem um keinen durchschlagenden Erfolg. Mozart, der – nach der „Entführung aus dem Serail" – für einen Komponisten von deutschen Singspielen gehalten wurde, d. h. eher von volkstümlicher Unterhaltung leichteren Genres, hatte sich durch den „Figaro" unter die Autoren der klassischen italienischen komischen Oper emporgearbeitet (auch dank der Zusammenarbeit mit Da Ponte). Das Publikum war jedoch nicht so konservativ, wie manche – auch Mozart – meinten und forderte Abwechslung. Durch ein Zusammentreffen von Umständen wurde eben zu der Zeit etwas geboren (dank einem Autor, der in Vergessenheit geraten ist) was dann Wien auf ewig berühmt gemacht hat: In einer anderen Oper im Repertoire des Hoftheaters ist ein flotter Tanz im 3/4-Takt – der Walzer – aufgetaucht. Zu seiner Berühmtheit hatte zweifellos auch der Umstand beigetragen, dass ihn auch das Publikum bei verschiedentlichen Vergnügungen tanzen konnte.

Zu jener Zeit begann auch die Popularität von Mozarts Konzerten nachzulassen. Die Konkurrenz am Unterhaltungsmarkt war groß, und es waren nicht nur die leichteren und einschmeichelnden Melodien, die Musikliebhaber von ihrem Vergnügen auch daheim spielen konnten, die dabei eine Rolle spielten; wichtig war auch der Umstand, dass gut aussehende Musiker von den Zuhörern bevorzugt wurden. Das Showbusiness erforderte bereits damals Showmen, und das war bestimmt nicht Mozarts Fall. In dieser Hinsicht hatte er am Podium keine Chance, seine Anhänger waren auf die Musikelite beschränkt.

Im Nostitz-Theater in Prag wurde „Die Hochzeit des Figaro" im Dezember 1786 aufgeführt, also ungefähr ein halbes Jahr nach der Wiener Premiere. Das weist darauf hin, wie aufmerksam das damalige Prager Publikum das Leben in Wien verfolgte. In Prag hatte die Oper einen außergewöhnlichen Erfolg. Hatte daran auch der zögernde Konservatismus der Provinzstadt seinen Anteil? Diese Möglichkeit ist nicht auszuschließen. Der Prager Anklang war nichtsdestoweniger das Vorzeichen für Mozarts erfolgreichstes Jahr – das Jahr 1787, in dem er nicht nur den enormen Erfolg der „Hochzeit des Figaro", finanziellen Erfolg und persönliche Ehrungen anlässlich seines ersten Prager Besuches erlebte, sondern das ihm auch den ersehnten Auftrag für eine weitere Oper – den „Don Giovanni" – brachte. Die Premiere war für den Herbst geplant (sie hatte in Prag wiederum einen weitaus größeren Erfolg als in Wien) und endlich – ja: Endlich! am 1. 12. 1787 brachte Constanze ihr viertes Kind zur Welt: die Tochter Theresia (die jedoch leider am

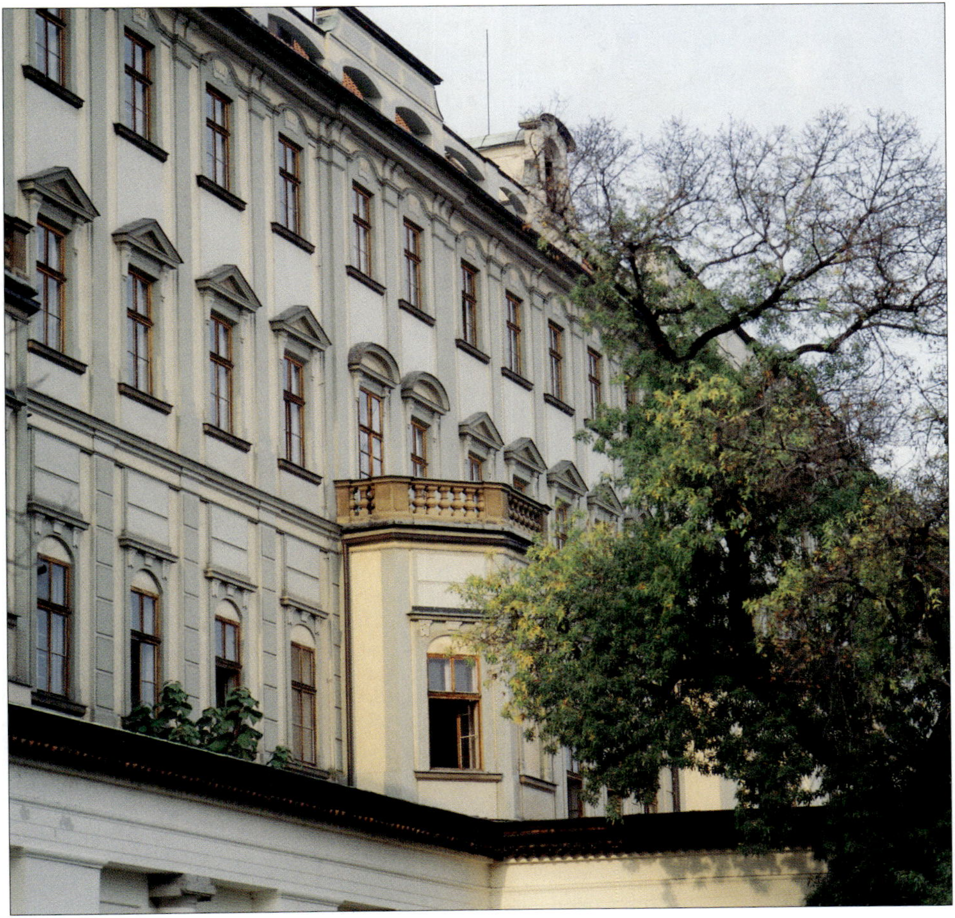

29. 6. 1788 starb). Das dritte Kind war im Oktober 1786 Johann Thomas Leopold, der bloße 4 Wochen am Leben blieb.

Wie kommt es, dass „Die Hochzeit des Figaro" gerade in Prag solch einen Erfolg feierte, wo sie doch in Wien als schwere, anspruchsvolle Musik bezeichnet wurde? Worin liegt der Unterschied zwischen Wien und Prag? Cherchez de l' argent – vor allem im Geld. Für die Prager Musiker und Komponisten war „die neueste Oper aus Wien" eine willkommene Verdienstgelegenheit für verschiedene Bearbeitungen, durch die sich Mozarts Musik fern von der Theaterbühne in die privaten Musikzimmer der Adelspaläste, die Tanzsäle und „Wohnungstheater" verbreitete. Interessenhalber ist zu erwähnen, dass der „Don Giovanni" in der Bearbeitung für ein Streichquartett von Jan Křtitel Kuchař (1751–1829) in der Sommersaison 1998 in der Bertramka gespielt wurde. Verschiedentliche Bearbeitungen der „Hochzeit des Figaro" stammen von Vinzenz Mašek (1755–1831). Der zusammenfassende Musikkatalog der Prager Nationalbibliothek führt an die 200 verschiedene Bearbeitungen von Mozarts Musik in Evidenz.

In Wien war nun also W. A. Mozart kaiserlicher Hofkomponist mit einem festen Gehalt von 800 Gulden jährlich. Man konnte damit selbstverständlich auskommen, solange man nicht Anspruch darauf erhob, es „den andern" gleichzutun. Mozarts Vorgänger in der Stellung Ch. W. Gluck (1714–1787) hatte ein Gehalt von 2000 Gulden (allerdings im 72. und nicht im 31. Lebensjahr und sein Nachfolger L. A. Koželuh (1747–1818) verdiente 1200 Gulden (mit 45 Jahren). Ein höheres Gehalt hatte nun auch Salieri als Hofkapellmeister (er war 38). Biographen weisen darauf hin, dass sich die unbedeutende Position Mozarts bei Hofe in den Gehaltssummen widerspiegelt – (dem kann man bei Vergleich mit dem Alter der anderen Protagonisten nicht beistimmen, ungeachtet dessen, dass Josef II. – damals Mitregent seiner Mutter Maria Theresia mit kaiserlichen Befugnissen – durch die Genehmigung der von Schikaneder vormals verbotenen Aufführung der „Hochzeit des Figaro", Mozart eine große Gunst erwiesen hat). Die Unterschätzung bei Hofe haben angeblich Mozarts Kapricen, häufige Krankheiten und Melancholie verursacht. Aber Mozart hatte sich nie besonders guter Gesundheit erfreut, und das allein wäre Grund genug zu psychischer Labilität gewesen.

Am 7. 5. 1788 wurde der „Don Giovanni" in Wien mit einigen neuen Musiknummern, für die Mozart ein Sonderhonorar von 225 Gulden erhielt, aufgeführt.

Um so überraschender erscheint dann Mozarts Bittbrief von Anfang Juni 1788 an den Wiener Buchhändler Michael Puchberg, der Mozarts Kompositionen in Druck herausgab und verkaufte. „Könnten Sie mir den Gefallen tun und mir für ein oder zwei Jahre mit ein- oder zweitausend Gulden auf angemessene Zinsen leihen, Sie würden mir aus Schwierigkeiten heraushelfen... es ist schwer, ja unmöglich zu leben, wenn ich auf gelegentliche Ein-

Erzbischöfliches Palais auf dem Hradschin

künfte angewiesen bin!"

Warum log Mozart? Meinte er, dass Puchberg keine Kenntnis von seiner Anstellung im kaiserlichen Dienst und dem festen Gehalt als Hofkomponist hatte? Und wozu brauchte er so hohe Beträge, und durch welch ein Wunder wollte er sie zurückzahlen, wenn er doch selbst zugab: „Und wenn ich zwecks Gelderwerb in die Stadt muss, was ohnehin selten vorkommt..."? Oder ahnte er etwas, das ihn von der Rückzahlung befreien sollte?

Im Brief ist weiter zu lesen: „Falls Sie im Moment solch einen hohen Betrag nicht entbehren können, bitte ich Sie, mir wenigstens bis morgen(!?) einige hundert Gulden zu borgen, weil mein neuer Hausherr so rücksichtslos war, dass ich ihm sofort zahlen musste, und so bin ich in große Schwierigkeiten geraten! Wir schlafen heute zum ersten Mal in der neuen Wohnung... in der Währinger Straße." Die Mozarts sind also in eine billige Vorstadtwohnung übersiedelt – (was Mozart selbst ca 14 Tage später in einem weiteren Brief bestätigte). Sie sind bestimmt erst umgezogen, nachdem die Situation unhaltbar geworden war und als es notwendig war, die schuldige Miete in der alten Wohnung, die Umzugskosten und die Anzahlung für die neue Miete gleichzeitig zu bezahlen (die Hausherren wussten, dass kein Mieter mit voller Brieftasche in die Vorstadt zog). Der Geldbedarf war also nahe liegend und real. Mozart schreibt: „Es ist nicht möglich, alles in Ordnung zu bringen, ohne mindestens die allernötigste Grundlage dazu zu haben." Aber warum hatte er sie nicht? Warum lebte er von Heute auf Morgen? Sah er denn keine Zukunft vor sich?

Der ganze Brief war im Sinn eines starken emotionellen Drucks auf den Empfänger geschrieben. Puchberg hat das Original des Briefs mit folgender Bemerkung versehen: Am 17. Juni 1788 200 Gulden geschickt.

Bereits am 27. Juni 1788 erhielt Puchberg einen weiteren Brief: „... ich bin gezwungen offen zuzugeben, dass ich meine Schuld nicht so bald abzahlen kann und muss Sie noch um Nachsehen bitten. Meine gegenwärtige Lage und die Tatsache, dass Sie mir nicht so viel leihen können, wie viel ich brauchte, bereiten mir schwere Sorgen." Es wiederholt sich die Bitte um ein höheres langfristiges Darlehen, die Familie wird jedoch nicht erwähnt. Mozarts Tochter Theresia ist doch an diesem Tag 6 Monate alt geworden – und zwei Tage danach gestorben. Als ob Leben und Tod seiner Kinder Mozart nichts angingen, übernimmt er sämtliche Verantwortung für die Misere und klagt lediglich: „... und wenn mich nur nicht so oft schwarze Gedanken bedrücken würden (denen ich mich mit Gewalt widersetzen muss)..." Diese Bemerkung war sicher nur als Mittel

THOMAS APOST.

des emotionellen Drucks gemeint, es besteht jedoch kein Zweifel, dass Mozart an schweren Depressionen litt.

In demselben Brief schrieb Mozart: „Ich habe in den zehn Tagen, die ich hier wohne, mehr gearbeitet als sonst in zwei Monaten." Und damit schließt sich der Irrkreis des väterlichen Fluchs: Um nicht dem „Wunder, das Gott in Salzburg das Licht der Welt erblicken ließ untreu zu werden. Die Tatsache, dass er für seine Arbeit kein Geld bekam, war entkräftend und nervenaufreibend, und er geriet infolge seiner Ausgaben in deprimierende Not. Es ist z. B. bekannt, welche Werke er in den erwähnten 10 Tagen vermutlich geschrieben bzw. vollendet hat, über einen Auftrag für diese Werke ist jedoch nichts bekannt. Hätte er jene „vergeblichen" Werke (ohne Auftrag) nicht komponiert, wäre er in Konflikt mit seinem (vom Vater verkündeten) moralischen Imperativ, der „Pflicht zu Gott" geraten. Aber es war noch komplizierter: Hätte er seine Ausgaben eingeschränkt, bzw. als er sie einschränken musste (wie z. B. im Juni 1788), so geriet er in den gleichen, ja in einen noch tieferen Konflikt, denn er hatte dadurch erwiesen, dass er seine „Pflicht zu Gott" nicht erfüllen konnte, da ihm doch niemand Aufträge für neue Kompositionen gab. Der Anlass zur Depression war nicht nur materieller Art (=finanzielle Sorgen, die ohne die Einschränkung der Ausgaben praktisch unlösbar waren), tiefer waren die metaphysischen Ursachen, die in seiner Frömmigkeit verankert waren. Es blieb also die einzige Lösung: Seine „Wunderbarkeit" unaufhörlich durch Musik zu beweisen – Musik zu komponieren, je schöner, desto deprimierender: Niemand mochte sie. Der Irrkreis ist geschlossen und dreht sich weiter.

Als Puchberg auf den Brief vom 27. 6. 1788 nicht reagierte und kein weiteres Geld schickte, erhielt er gleich Anfang Juli eine kurze, sachliche und direkte Bitte um ein Darlehen.

Oh! Wie hatte sich Mozart vor sechs Jahren geirrt (falls es nicht nur billige Prahlerei war) als er am 27. 7. 1782 an den Vater Schrieb: „.... ich gehe eine Wette ein, würde ich, gottbewahre, heute erkranken, kämen mir die vornehmsten Adeligen zu Hilfe... Das kann ich mit Bestimmtheit sagen." Der Buchhändler Michael Puchberg, ein Bürger, also kein Aristokrat mit ererbtem Vermögen und Titel, keineswegs reich, aber gutherzig, großzügig und mitfühlend, war deshalb vermutlich der einzige Mensch, der sich damals bemüht hat, Mozart zu helfen. Es ist ein trauriger Charakterzug von Mozart, dass er eben diesen kreuzbraven Menschen emotionell erpresst hat. („Falls mir nicht Sie, allerliebster Bruder, aus dieser Lage heraushelfen, werde ich meine Ehre und

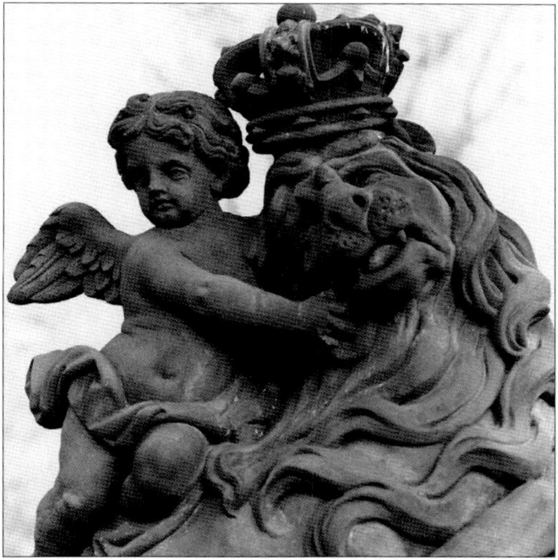

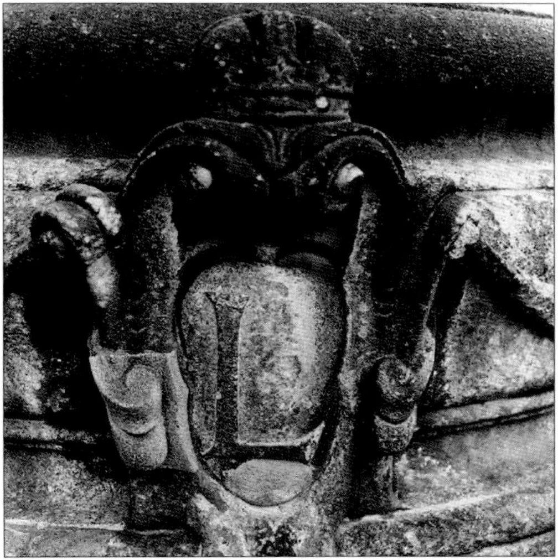

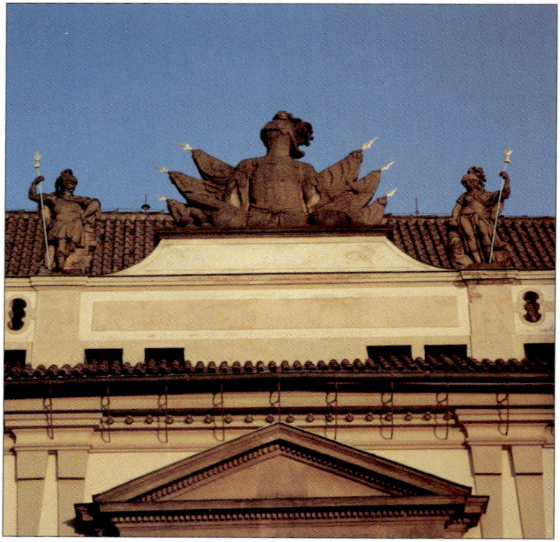

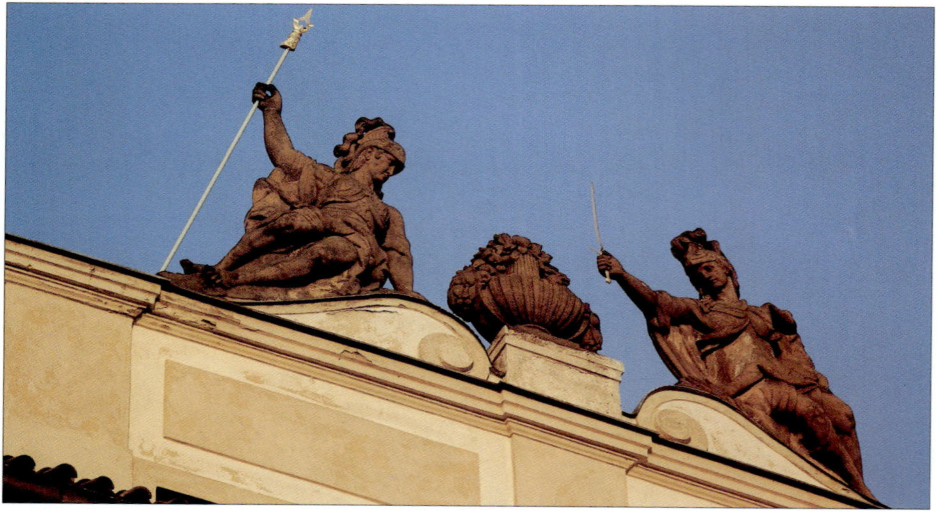

Glaubwürdigkeit verlieren, das einzige, was ich bewahren möchte.") Die Schuld bei Puchberg ist bis zu Mozarts Tod auf 1415 Gulden herangewachsen (um eine richtige Vorstellung davon zu haben, das entspricht dem heutigen Wert von cca 56 600 DEM oder 424 500 ATS oder 1 061 000 Kč). Mozart war also wahrhaftig nicht kleinlich. Puchberg hat die Schuld von der Witwe nicht eingefordert, und es ist Constanze zugute zu halten, dass sie die Schuld zurückgezahlt hat, als sie dann viele Jahre später wirklich reich wurde. Puchberg ist nichtsdestoweniger als ein armer Mann gestorben – nun, wie sonst!

In die Währinger Straße ist Mozart also bereits mit Schulden eingezogen. Wie viel und wem er schuldete, weiß man nicht genau; den Briefen an Puchberg nach zu schließen, müssen es mindestens 1000 Gulden gewesen sein. Die Vorstadtwohnung war zweifellos ein Rücktritt vom Ruhm, und es ist zu würdigen, dass Constanze diese Anabasis mit Wolfgang ohne Murren teilte.

Die Übersiedlung bedeutete auch sonst einen Wendepunkt im Leben des Ehepaars. „Ich werde nicht mehr von so vielen Gästen behelligt", berichtet Mozart (wie hätte er es sein sollen, wo ihm doch das Geld zur Bewirtung fehlte), aber wir wissen, dass beide Eheleute fröhliche Gesellschaft liebten, dass sie gern tanzten und Billard spielten. Obwohl jetzt, nach sechs Jahren, nicht mehr? Leider wurde Mozart auch nicht mehr von Schülern (und Honoraren) belästigt – und dadurch sind auch seine Einkünfte eingeschrumpft.

Zum Glück waren Mozarts Depressionen nicht so tief, um in Apathie zu münden. Als dann Fürst Karl Lichnovský (1761–1814) im Frühjahr 1789 seinen Lehrer und Freund Mozart aufforderte, ihn nach Berlin zu begleiten, wo er von dem Musikliebhaber, dem preußischen König Friedrich Wilhelm II. einen „freundlichen Empfang" erwarten konnte, folgte Wolfgang der Einladung. Für den König hat er dann schlagfertig 4 Streichquartette mit schönen Parts fürs Cello komponiert, da der König Cellospieler war.

Die Reise unternahmen sie in der Zeit vom 8. April bis zum 4. Juni 1789. Constanze begleitete ihren Mann nicht – sie war wieder in anderen Umständen. Unterwegs konzertierte Mozart in Dresden (der Ertrag 100 Dukaten, d.i. über 400 Gulden für 1 Konzert) und in Leipzig (wo man im Gegenteil knauserig war.)

Mozart war von der Herzlichkeit des Berliner Empfangs überrascht. Gleich nach seiner Ankunft führte das Nationaltheater „Die Entführung aus dem Serail" auf. Vom König erhielt er Aufträge für 6 Klaviersonaten und 6 Streichquartette und ein Stellenangebot als Kapellmeister mit einem Gehalt von 3000 Talern! Als Mozart dieses Angebot nicht akzeptierte(?!), gab ihm der König ein Jahr Bedenkzeit(!!). Wie viel Jahre und wie oft hatte Mozart darüber gesprochen, dass er sein Möglichstes tut, um eine würdige und gut bezahlte Anstellung irgendwo bei Hofe zu bekommen – und als er solch ein Angebot erhielt, lehnte er es ab. Warum?

Salieri war für drei Jahre nach Paris gefahren, um seinen Ruhm zu fördern, obwohl er sich keine bessere Stellung, als er in Wien hatte, nicht wünschen konnte. Josef Haydn hatte sich mit 58 Jahren für zwei Jahre auf den Weg nach London gemacht, wo er um 24 000 Gulden reicher wurde. Ein Jahr später, d. i. im Jahr 1790, hat Mozart aus England sogar zwei Stellenangebote als Komponist erhalten. Das eine forderte die Komposition von zwei Opern binnen einem halben Jahr für ein Honorar von 2 400 Gulden – das Sechsfache dessen, was ihm der Kaiser für die gleiche Zeit in Wien zahlte – und statt dessen Mozart bei Puchberg „Könnten Sie mir nicht mit einer Kleinigkeit aushelfen? Im Augenblick würde ich mich mit was immer Sie mir geben können begnügen" – und Puchberg schickt ihm 10 Gulden! Da steht einem der Verstand still!

Nur dass die wahren Gründe zu diesem Verhalten nicht rationell sind. Als Mozart im Dezember 1790 von Haydn (der nach London reiste) Abschied nahm, traten Wolfgang Tränen in die Augen und er sagte: „Ich fürchte, wir sagen einander das letze Lebewohl." Er hatte Recht. Hatte er nicht bereits vor anderthalb Jahren in Berlin ähnliche Gefühle? Er hatte doch schon am 4. April 1787 jene fürchterlichen Worte geschrieben: „Ich gehe immer mit dem Gedanken zu Bett, dass ich – wie wohl ich jung bin – am nächsten Tag nicht mehr da sein werde." Er hatte wiederum Recht – er starb um ein Uhr nachts.

Psychische Depressionen sind ein Zustand totaler Unsicherheit, die lediglich durch bekannte Umgebung gelindert werden kann. Sie sind ein Zustand, wo sich der Mensch nicht einmal auf sich selbst verlassen kann. Mozart hatte gehofft, dass ihm im Fall einer Erkrankung in Wien jemand helfen würde, wogegen er in der Fremde elend zugrunde gehen würde. Darum hat er schließlich Wien den Vorzug gegeben. Wien, gegen das er so geeifert hatte und wo angeblich alle Leute Ränke gegen ihn schmiedeten. Den Wienern, die (angeblich) seine Musik nicht verstanden. Wien, wo er (angeblich) in Not lebte und Schulden machen musste, weil „.... ich werde, aber nur hier in Wien, so vom Missgeschick verfolgt, dass ich, auch wenn ich möchte, nichts verdienen kann," schrieb er am 12. Juli 1789 an Puchberg, also etwa anderthalb Monate nach dem königlichen Berliner Angebot.

Mozart machte gewagt Schulden, denn er war überzeugt davon, dass ihn demnächst eine Menge Geld erwartet. Er meinte, dass er durch die Ablehnung des Berliner Angebotes nichts einbüßen würde, da er es sich als Pression auf den Wiener Hof zur Erhöhung seiner Einkünfte, einerseits seines Gehalts, andererseits der Anzahl von Aufträgen für musikalische Werke (selbstverständlich vornehmlich Opern) zunutze machen könne. Ach, ach! Unter dem Leuchter ist es zuweilen finster. Wie tragisch irrte sich Mozart in den Wiener Verhältnissen. Ausgerechnet von Preußen ließ sich Wien nicht ins Bockshorn jagen, gerade Berlin wird es sich nicht zum Vorbild nehmen. Wien hatte es doch nicht nötig wie Berlin, seinen kulturellen Glanz von irgendeinem Mozart polieren zu lassen. Wie Berlin, das doch nicht mehr ist, als ein großer Exerzierplatz für Parademärsche? Wien hat so viele brillante Komponisten und Kapellmeister, dass es nicht weiß, was mit ihnen anzufangen – Herr Mozart wird ja bald sehen! Und leider sah er es.

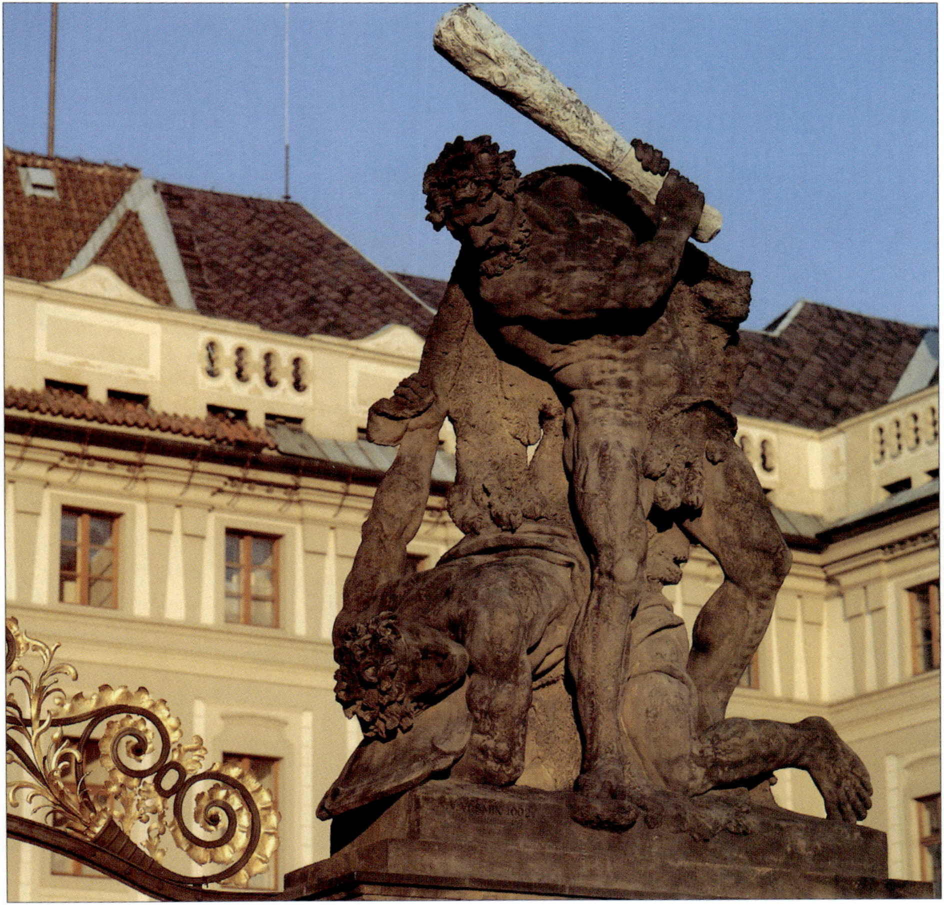

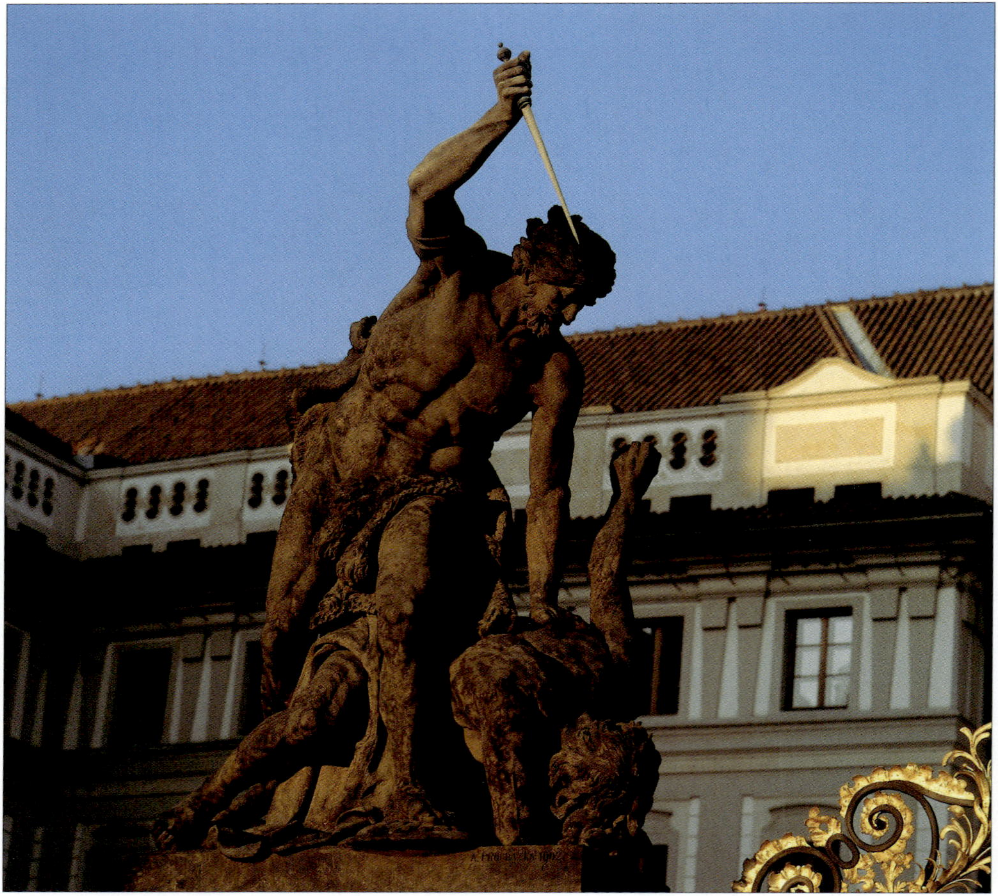

Giebel des Lobkowitz-Palastes auf der Kleinseite

Bella mia fiamma, addio
Edelmut des Titus

Je näher dem Tod, desto mehr sehnte sich Mozart nach Unsterblichkeit. Als das Wiener Publikum den „Don Giovanni" nicht aufgenommen hatte, schrieb Mozart an Haydn – (der den um eine Generation jüngeren Wolfgang aufrichtig bewunderte und verehrte): „Diese Oper ist nichts für die Wiener. Für die Prager schon eher, aber das meiste bedeutet sie für mich und meine Freunde." Wolfgang hatte – im Widerspruch zu den väterlichen Ratschlägen – nicht die Absicht, leichte populäre Hits zu komponieren, denen er automatisch und berechtigterweise ein ephemeres Dasein voraussagte. Er wollte jener (vom Vater verkündete) von Gott erwählte Künstler sein. Es ist verständlich, dass der alte Leopold hinter dem Geld her war, in welchem – (und nicht in den Tönen und Noten) – er den Ausdruck der gesellschaftlichen Anerkennung sah. Nun ja, er strebte ja auch nicht nach Unsterblichkeit. Obwohl orthodoxer Katholik, sogar mit einigen Semestern Theologiestudium an der Salzburger Universität, interessierte er sich mehr für das irdische Leben als fürs Letzte Gericht Gottes.

Wolfgang war jedoch das Kredo „carpe diem" nicht bekannt; es wurde ihm von Kindheit an verweigert, bis es ihm zutiefst fremd wurde. Im Gegenteil, er war ein Workaholic, er opferte (womöglich) jeden Tag dem Koponieren, in dem er den Weg zum Himmel sah – und die ferne Zukunft gab ihm Recht. Die Jagd nach Geld zu einer Zeit, als er durch den Dienst bei Hof finanziell gesichert war, ist schwer zu begreifen. Aber Wolfgang war sich offensichtlich seines postumen Ruhms nicht gewiss (wie hätte er es sein können!) und es ist ihm bewusst geworden, dass er in dieser Welt nur durch Geld gesellschaftliche Anerkennung erreichen kann. Da bat und bettelte er lieber und machte Schulden – aber auf sein Reitpferd wollte er nicht verzichten.

Wie wollte er aber seine Schulden abzahlen? Er hoffte wohl wirklich auf ein Wunder – nämlich auf die Unvermeidlichkeit seines außerordentlichen Erfolgs. Er war doch keineswegs bescheiden in seinen Darlehensforderungen und konnte mit nichts (Besitz) darüf Gewähr leisten. War er so leichtsinnig? (Viele meinen es.) Nein, das war er sicherlich nicht. Solch eine Eigenschaft war in den Genen der Mozarts nicht vorhanden. Als Beispiel kann die Ouvertüre zu „Don Giovanni" dienen, die er zwischen Mitternacht und dem frühen Morgen desselben Tages geschrieben hat, an dem die Premiere stattfand. Es ist zu betonen, dass er die Ouvertüre aufs Notenpapier geschrieben, nicht komponiert hat, weil er die Ouvertüre bereits fix und fertig komponiert in seinem Gedächtnis eingeprägt hatte. Er hatte das Werk angeblich in knapp 7 Stunden niedergeschrieben, den Kopisten dauerte die Arbeit ungefähr 11 Stunden.

Mozart hatte auch in der billigen Wohnung große Sonderausgaben – für den Arzt und Medikamente – allerdings nicht für sich. Im Sommer 1789 wurde die schwangere Constanze wiederum krank und erhoffte sich von einem Aufenthalt in Baden, einem kleinen Kurort mit warmen Heilquellen etwa 30 km südlich von Wien, Hilfe. Ein Kuraufenthalt war keine billige Angelegenheit, nicht einmal für den k.k. Hofkomponisten. Wolfgang war jedoch um Constanze besorgt, ja fast ängstlich und wollte nichts vernachlässigen. Und das bewegte ihn dazu, Puchberg mit weiteren Darlehensbitten zu bombardieren. Am 12. Juli 1789 bekennt er: „Durch diese unselige Krankheit bin ich um meinen ganzen Verdienst gekommen... gestern Abend hat sie (Constanze) mir wieder einen Schrecken eingejagt, was sie ausgestanden hat und ich mit ihr".

Im November 1789 wurde den Mozarts eine Tochter geboren, aber sie ist binnen einer Stunde gestorben.

Erzbischöfliches Palais und St.-Veits-Turm

An dieser Stelle ist wohl zu erwähnen, dass Constanze oftmals zur Kur nach Baden zu fahren pflegte und es immer lieber tat, ohne Rücksichtnahme auf ihren Mann und seine Gesundheit. Vielsagend ist ein Satz aus Wolfgangs Brief aus Frankfurt am Main vom 30. September 1790: „Ich weiß nicht, ob Du in Wien oder in Baden bist." Constanze, die Wolfgang in ihrem 27. Lebensjahr mit ihrer Krankheit in Schrecken versetzt hatte, hat sich bis ins Alter von 80 Jahren durchgekränkelt und Wolfgang um mehr als ein halbes Jahrhundert überlebt.

Wir sollten jedoch zu dem bereits erwähnten Brief an Puchberg vom 12. Juli 1789 zurückkommen. „Ich sehe, dass mich ohne Rücksicht auf meinen schlechten (gesundheitlichen – psychischen?) Zustand entschlossen, eine Subskriptionsakademie bei mir zu veranstalten... aber auch das geht schief... Ich ließ die Subskriptionsliste 14 Tage lang zirkulieren und da ist nur ein einziger Name, Swieten!"(+)

(+) Familienfreund der Mozarts, der später Ausstattung von Mozarts Begräbnis besorgte.

Es war ein vernichtender Misserfolg – die Wiener mochten Mozart einfach nicht, er gefiel ihnen nicht. Auf den ersten Blick war es jedoch nicht zu sehen. Im Jahre 1789 führte das kaiserliche Opernthester erneut „Die Hochzeit des Figaro" auf – für Mozart allerdings schon ohne Honorar – und der k.k. Hofkomponist erhielt den Auftrag zu einer neuen Oper „Cosi fan tutte". Der Handlung liegt angeblich eine wahre skandalöse Begebenheit zugrunde, und die Idee, sie als Oper auf der Bühne aufzuführen, stammt angeblich von Kaiser Josef II. Die Oper sollte ursprünglich Salieri schreiben, der lehnte es jedoch unter dem Vorwand, das Thema sei zur Vertonung nicht geeignet, ab. In Wirklichkeit wollte er durch die Bearbeitung eines skandalösen Stoffes vor den Wienern nicht seine Würde riskieren. So schrieb also Mozart die Oper und so fing mit der Premiere am 26. Jänner das unselige Jahr 1790 an. Der Kaiser musste der Uraufführung fernbleiben, er lag bereits am Sterbebett, und dem Publikum gefiel die Oper nicht besonders. Salieris Vorsichtigkeit war sichtlich am Platz – und Mozart gerät wiederum in einen Irrkreis.

Am 17. 5. 1790 schreibt er an Puchberg: „Sie wissen sicherlich... dass ich gestern bei Ihnen gewesen bin und uneingeladen bei Ihnen zu Mittag essen wollte – ich habe keine wahren Freunde, ich sehe mich einfach gezwungen, bei Wucherern Geld auszuleihen... sagen Sie mir wegen meiner Zudringlichkeit nicht Ihre Freundschaft ab und stehen Sie mir zur Seite..." Das ist schon ein Ausdruck echter Verzweiflung, Mozart ist am Rande des gesellschaftlichen Abgrunds. Kein Mensch arbeitet nur um des Geldes willen; er will durch die Resultate seiner Arbeit auch gesellschaftliche Anerkennung gewinnen. Mozarts musikalisches Talent war unumstritten – aber der Erfolg der Oper ist ausgeblieben. Übrigens ist es ein Beweis, dass Salieri keinen Grund hatte, Mozart für seinen Rivalen zu halten und ihn zu hassen.

Mozart klammert sich wie ein Ertrinkender an einen Strohhalm. Er schreibt in demselben Brief (vom 17. 5. 1790): „Ich habe jetzt große Aussichten, Zutritt bei Hofe zu erreichen... der Kaiser hat mein Gesuch nicht zurückgeschickt... wie manchen, er hat es bei sich behalten. Das ist ein gutes Zeichen." Sobald Leopold neuer Kaiser geworden war, suchte Mozart sofort um die Stellung des zweiten Kapellmeisters und um das Vorrecht, den Mitgliedern der kaiserlichen Familie, die sechzehn Kinder zählte, Musikunterricht erteilen zu dürfen, an. Er erhielt nie eine Antwort. Es ist nur natürlich, dass er „besorgt und unglücklich" war, wie er an Puchberg schrieb. In dieser Situation wäre wohl Begeisterung und Freude eher ein Zeichen von Geistesstörung gewesen.

Auch das erwähnte unbeantwortete Gesuch ist ein Beweis, dass Mozart wirklich sein Allermöglichstes tat. Woran lag also die Ursache des Misserfolgs? Einerseits an seinem Benehmen, dem es an selbstbewusster Unbefangenheit und gesellschaftlichen Manieren mangelte. Er täuschte Selbstbewusstsein vor, aber es fehlte ihm in

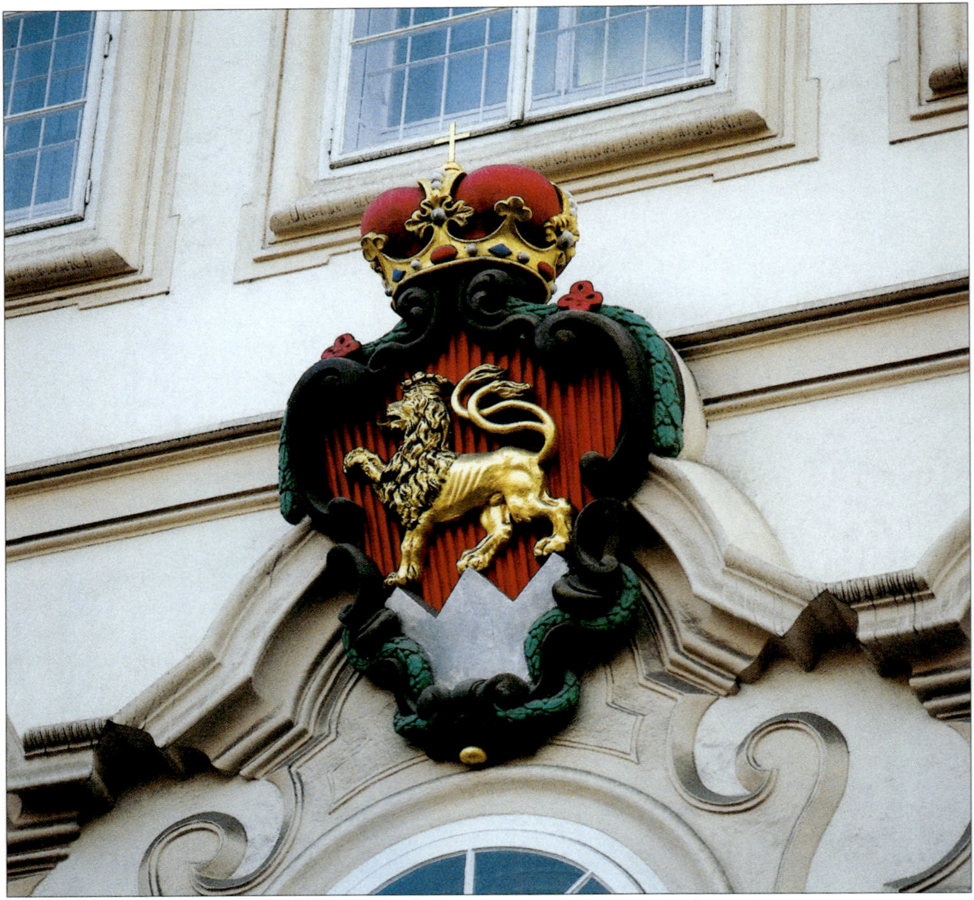

Wirklichkeit. Er wirkte auf seine Umgebung wie ein rappeliger Pedant. Um ein Beispiel von vielen zu geben: Bei einer Vorstellung der „Entführung aus dem Serail", die von einer Wandertruppe aufgeführt wurde, ist Mozart von seinem Sitz im Zuschauerraum aufgestanden, hat dem Violinisten das Instrument aus der Hand genommen und an seiner Stelle weitergespielt. Nach der Vorstellung kommentierte er es wie folgt: „Der Teufel soll so ein falsches Fiedeln aushalten." Obwohl Wolfgang von Kindheit an in vornehmster Gesellschaft verkehrt hatte, seinem Naturell nach gehörte er da nicht hin. Man kann es unter Umständen für das mütterliche „Erbe" ansehen. Der Mutter hatte es an einem gelegentlichen ordinären Wort im Gespräch nie gemangelt, und es hatte sie nie gestört. Bei dem erwähnten Vorfall hat sich Wolfgang tatsächlich wie ein „Grobian" benommen, was keinesfalls mit dem „Recht des Genies" zu entschuldigen ist.

Es besteht kein Zweifel, dass auch Mozarts Ehe, die keine Berufsehe war, dabei eine gewisse negative Rolle gespielt hat. Constanze kümmerte sich in dieser schweren Zeit in Baden um ihre Gesundheit, und von Wolfgang verlangte sie lediglich Geld – sie war eine Frau, der „es an nichts mangelt, als an Geld". Wäre Constanze wie ihre Schwestern Josefa und Aloysia Sängerin von Beruf geworden, um mit ihrem Gesang – aber auch mit ihrer attraktiven Erscheinung – das Publikum für Mozarts Kompositionen einzunehmen und ihm mit ihrem Gesang und Charme die Tür in die Paläste des Adels zu öffnen... Obwohl Wolfgang noch immer an Constanze hing, kam es im Jahre 1790 de facto zur „Scheidung von Tisch und Bett". In Baden pflegte Mozart seine Frau nur zu besuchen – und bei Puchberg dann ungeladen zu Mittag zu essen. Als dann Mozart Ende September 1790 nach Frankfurt am Main abgereist war, ist Constanze in seiner Abwesenheit in eine neue Wohnung (im Laufe von acht Jahren bereits die zwölfte) in der Rauhensteingasse um-

St.-Veits-Turm

gezogen. Ob dies nach gegenseitiger Absprache geschah, ist nicht bekannt. Vielleicht blieb Constanze der Schulden wegen nichts anderes übrig. Es war eine echt mozartische Lösung: Die Wohnung im ersten Stock des schönen Hauses im Zentrum der Stadt war sehr teuer (die Miete betrug über 40 % von Mozarts festem Gehalt bei Hofe) das Pferd war im Hof eingestallt; die Möbel einschließlich des Klaviers gehörten dem Pfandleihaus.

Im Herbst 1790 geht Mozarts Karriere beim kaiserlichen Hof definitiv zu Ende, und zwar auf die demütigendste Weise: Er ist in Vergessenheit geraten.

Es begann im September jenes Jahres, in dem in Wien die Hochzeit von drei kaiserlichen Sprösslingen auf einmal gefeiert wurde. Welch ein Pomp! Aber der k. k. Hofkomponist hat zu diesem Anlass keinen Auftrag bekommen.

Die Situation wiederholte sich binnen kurzem. Am 9. 10. 1790 fand in Frankfurt am Main die Krönung von Kaiser Leopold II. statt. Den Kaiser begleitete das Orchester mit Kapellmeister Salieri an der Spitze – neue Musik vom Hofkomponisten Mozart wurde jedoch aus diesem Anlass nicht gewünscht.

Mozart fasste einen verzweifelten Entschluss: Er komponierte zwei Krönungskonzerte und begab sich auf eigene Faust auf den Weg nach Frankfurt. Das Reisegeld und das Geld für den Kauf eines eigenen Wagens für die Fahrt erwarb er durch die Verpfändung des Silberbestecks – (später konnte er nur einen Teil davon einlösen).

Frankfurt spielte, sang und tanzte. Es waren nicht nur die Fürsten aller deutschen Länder, ihre Orchester mit den Hofkapellmeistern (und außer dem Dienstgefolge auch die Leibärzte und Beichtiger) anwesend, sondern auch viele Theatergesellschaften, die auf provisorischen Bühnen und Marktplätzen spielten. Mozart erkannte bald, dass er da überflüssig ist. Auf die Aufführung seiner Konzerte musste er drei Wochen warten, als viele Gäste bereits abgereist waren und die restlichen müde waren, so dass vor leeren Reihen gespielt wurde.

Was ist da hinzuzufügen? Nichts.

Mozarts Gesundheitszustand verschlechterte sich zusehends. Nachts konnte er wegen rheumatischen Schmerzen nicht schlafen, durch das Übernächtigtsein litt er an Kopfschmerzen, Depressionen, und überdies ist er allein geblieben – Constanze war wiederum zur Kur in Baden. Die Reise aus Wien dorthin dauerte damals fünf Stunden, Wolfgang pflegte Constanze zu besuchen und um fünf Uhr früh aufzubrechen.

In dieser prekären Lage nahm sich Emanuel Schikaneder (1748–1872, Großonkel des bekannten tschechischen dekandenten Malers Jakub Schikaneder) Mozarts an. Schikaneder war Schauspieler und Prinzipal einer Wandertruppe, der sich in Wien niedergelassen hat und Direktor des überaus beliebten, volkstümlichen Vorstadttheaters „Auf der Wieden" geworden war. Er war einer von denjenigen, die das Sinnbild des Wiener süßen Lebens gestaltet haben. Er war die Personifizierung des Lebensstils „Wein, Frauen und Gesang". Er hatte Erfolg, und er stand sich ausgezeichnet. Um ihn herum verkehrte über einem Weinkrug eine musikalische, keineswegs vornehme und (für jene Zeit) ungebunden fröhliche Gesellschaft. Schikaneder bezog auch Mozart in den Kreis ein, weil er einen guten Komponisten brauchte. Er forderte ihn auf, für sein Theater eine heitere volkstümliche Oper zu schreiben. Zu der Zeit war gerade Zauberei und Magie in Mode, und so entstand das Sujet zur „Zauberflöte" – (wozu auch die Tatsache beitrug, dass der Tenorsänger, für den die Hauptrolle bestimmt war, ein ausgezeichneter Flötist war.)

Mozart, der seine Depressionen und die daraus folgende häufige Angst vor dem Alleinsein zu bekämpfen hatte, sagte dieser Gesellschaft zu – aber sie schadete ihm beträchtlich in den Augen der Wiener höheren Gesellschaft. Den k. k. Hofkapellmeister Salieri hätte sich niemand in solch einer Gesellschaft vorstellen können. Es ist schwer zu sagen, ob sich Mozart dessen bewusst war. Er wollte sich sicherlich nicht von den Mächtigen dieser Welt trennen, und so schrieb der „untertänigste Diener W. A. Mozart" im April 1791 an

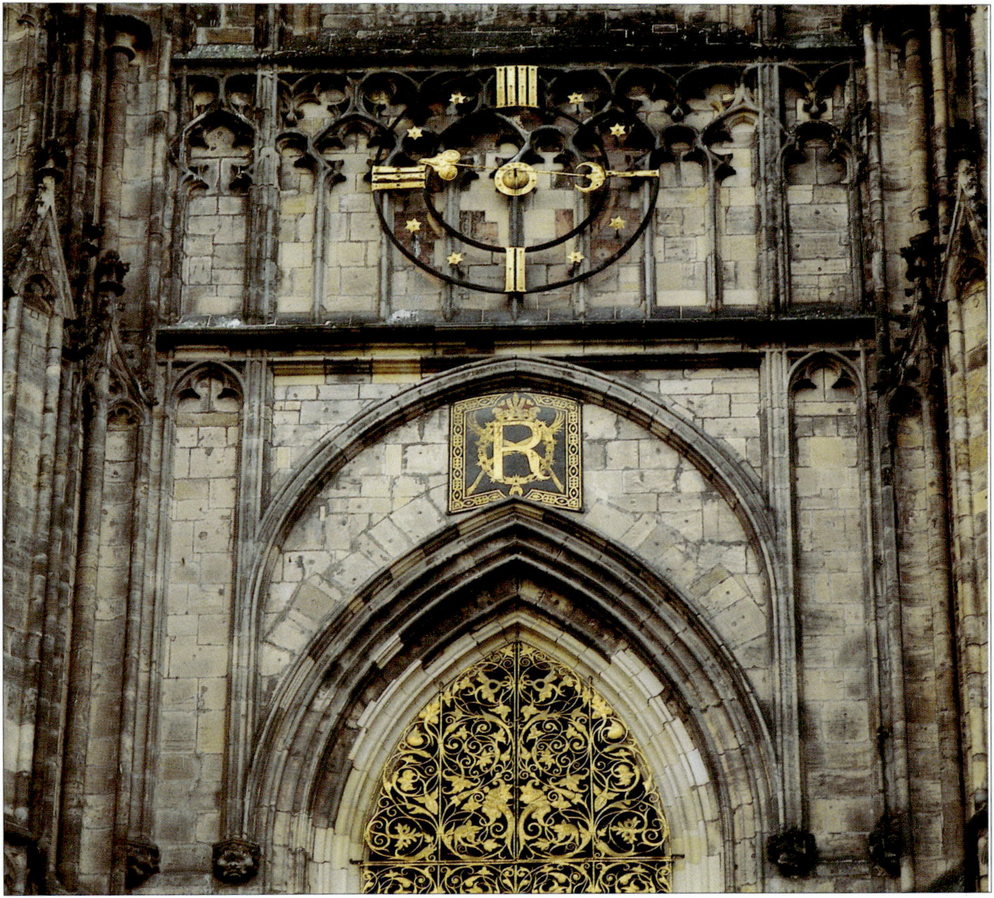

ANNO M.D.CIXX

den „Erleuchteten, hoch geehrten Magistrat von Wien" das Gesuch, er solle „dem gealterten Herrn Kapellmeister" des Stephanschors Leopold H. Hoffmann (1730–1793) „inzwischen nur unentgeltlich aushelfen". Mozart wollte sich so für die Zukunft eine bezahlte Stellung für sich selbst sichern. Dem Gesuch wurde stattgegeben, der alt gewordene Herr Kapellmeister hat jedoch Mozart überlebt.

Mozart hatte noch an der „Zauberflöte" und dem „Requiem" zu arbeiten, dazu kam ein Auftrag aus Prag! Als ob sich die Schicksalskarte zu wenden begonnen hätte.

Am 26. 7. 1791 wurde den Mozarts der Sohn Franz Xaver als sechstes (und letztes) Kind geboren, das zweite, das ins erwachsene Alter überlebte. Wolfgangs kühles Verhältnis zu seinen Kindern wurde bereits erwähnt, aber die Gefühlskälte von Constanze ist befremdend. Bereits Mitte August reist sie mit ihrem Mann nach Prag ab. Später denkt sie an jene Zeit zurück: Wolfgang komponierte bis zwei Uhr nachts und stand um vier Uhr früh auf. Die Anstrengung hat seinen Tod beschleunigt. – Die Anstrengung ließ Constanze kalt. Aber Mozart kann man offenbar nicht der Gleichgültigkeit oder des Leichtsinns bezichtigen.

Prag begann sich auf die Krönung von Leopold II., die für den 6. September 1791 bestimmt war, vorzubereiten. Die böhmischen Stände hatten die Musik aus Wien bestellt: Die Kantate zur Krönungsfeier beim tschechischen Komponisten Leopold Koželuh (1747–1818, nach Mozarts Tod wurde er im Jahre 1792 Hofkomponist) – und die Oper bei Mozart. Das Thema war der Edelmut des Titus, ein Lobgesang auf die Güte und Sanftmut des römischen Herrschers. Dies war keinesfalls eine originelle Idee, denn dieses Sujet war schon viele Male eben anlässlich von Krönungsfeiern vertont worden. Die Prager wollten scheinbar kundtun, dass sie wissen, was sich gehört. Allerdings hatte die Oper bei den hohen Würdenträgern, die am 6. September 1791 pflichtgemäß zur Premiere ins Nostitztheater kamen, keinen Erfolg. Außerdem war diese musikalische Form – die Opera seria – bereits aus der Mode. Die Reprisen, die bis zum 30. September aufgeführt wurden, hatten allerdings Erfolg. Die Mozart-Verehrer schätzten die herrlichen Arien und die schönen Passagen des Orchesters hoch ein. Von den Pragern wurde er auch glänzend bezahlt, das Honorar betrug 200 Dukaten, also fast 900 Gulden.

Die Reprisen dirigierte Mozart nicht mehr selbst. Den Prager Freunden fiel es auf, dass Wolfgang, auch wenn er sein „liebstes und allerbestes Frauchen" bei sich hatte, traurig, nervös, ängstlich und voller Gedanken an den Tod erfüllt war. Mitte September reiste er nach Wien ab, wo er die Arbeit an der „Zauberflöte" zu vollenden hatte. Aus Wien schrieb er an Da Ponte (der von Leopold II. aus den kaiserlichen Diensten entlassen worden und nach London gefahren war): „Meine Sinne sind verworren, ich kann meine Kräfte nur mit Mühe sammeln... Ich fühle und erkenne, dass meine Stunde geschlagen hat. Ich bin dem Tode nahe. Das Ende tritt ein, ehe es mir gegönnt war, mich meines Talents zu freuen. Das Leben war doch so schön. Meinen Anfängen leuchtete doch ein glücklicher Stern... Ich schließe, denn mein Todesgesang darf nicht unbeendet bleiben." Mozart bildete sich ein, das Requiem wäre nur deshalb anonym bestellt worden, weil die Totenmesse für ihn selbst bestimmt war. In Wirklichkeit hatte Graf Franz Wallsegg, der sich erfolglos bemühte, Komponist zu werden, die Komposition bestellt, und er hat dann im Jahre 1793 das „Requiem" in der Wiener Neustadt als sein Werk aufgeführt.

Kommen wir jedoch nach Prag zurück, wo der Kaiser noch immer weilte. Er hielt sich dort noch einige Wochen nach der Krönung auf, was heißen will, dass er da „etwas zu tun" hatte, dass

Ballhaus im Königlichen Garten

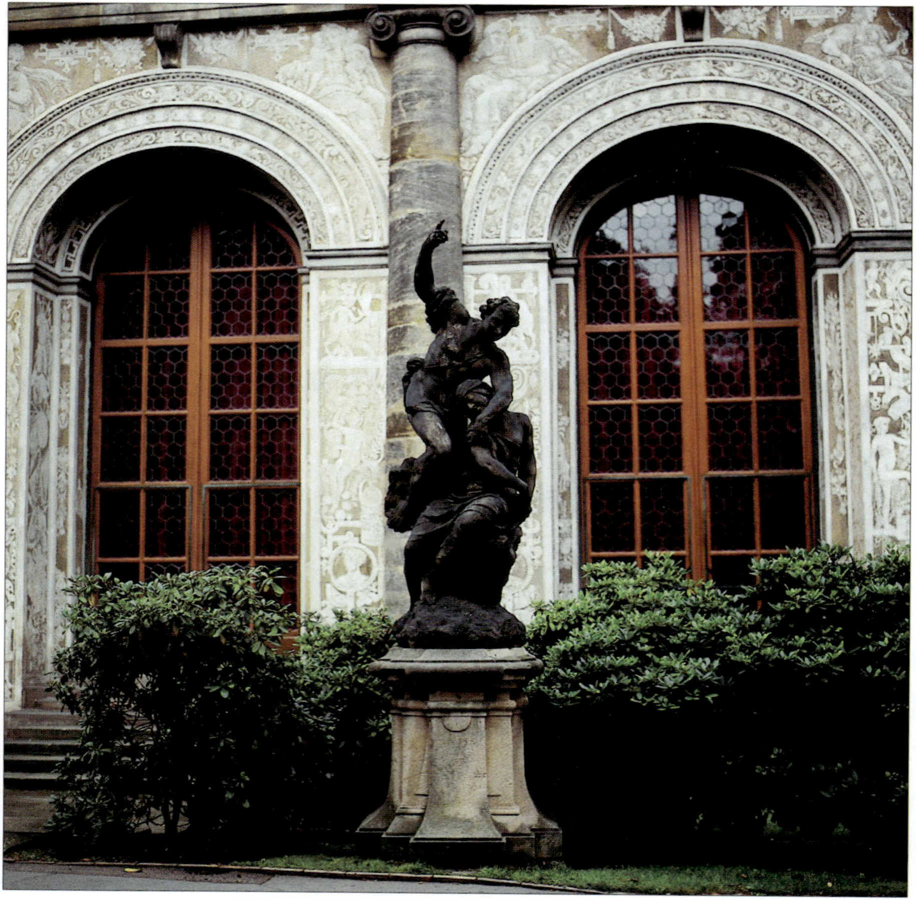

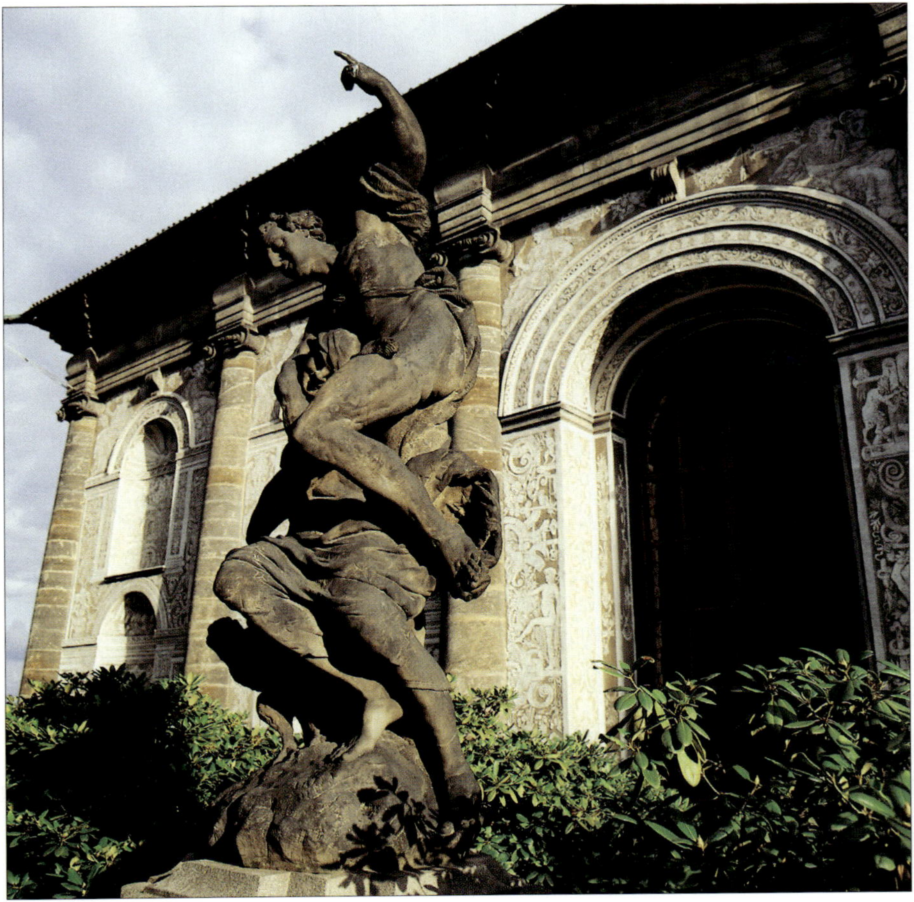

Prag für ihn ein bestimmtes Problem bedeutete.

Am 13. 9. 1791 hatten die Repräsentanten der Prager Bürger und Zünfte (man sollte beachten, dass sich der Adel nicht angeschlossen hat) an den neugewählten König Leopold II. eine Bittschrift eingereicht, er solle Prag als seine ständige Residenzstadt – an Stelle von Wien – auserwählen. Woher nahmen die Prager solch ein Selbstbewusstsein?

Prag war zu jener Zeit eine florierende Stadt. Es war aus allen Richtungen, soweit das Auge reicht, von Weinbergen umgeben (die heutzutage nicht die geringste Spur, außer der Benennung des Luxusviertels „Vinohrady" – Weinberge auf Tschechisch – hinterlassen haben). Prag hatte seit 1781 eine Sonderkommission zur Verschönerung der Stadt, die unter dem Vorsitz des Oberstburggrafen Entscheidungen über grundsätzliche urbanistische Änderungen traf. Noch im Jahre ihrer Konstituierung hat sie am Gelände des verschütteten Schutzgrabens zwischen der Alt- und Neustadt eine breite Promenade – die „Neue Allee" – angelegt, die bis auf den heutigen Tag eine der Hauptadern des sog. Goldenen Kreuzes, d.h. der Stadtmitte (heute die Národní třída) ist.

Das sichtbarste Zeichen der architektonischen Entwicklung Prags war der sog. theresianische Umbau der Prager Burg, der die bestehenden ungleichartigen Gebäude nach dem Projekt des Wiener Hofarchitekten N. Pacassi in eine einheitliche Fassade vereinigte. Es besteht kein Zweifel, dass die Prager Burg auf dem Felsenvorsprung hoch über der Moldau weitaus majestätischer wirkt als die Wiener Hofburg, eine ehemalige Wasserburg in den Sümpfen des Donautals.

Es ist zwar wahr, dass der Krieg gegen die Türken schon vor 108 Jahren zu Ende war und Wien nun vom Südosten keine Gefahr mehr drohte, wohingegen der Habsburger Monarchie die größte potenziale Gefahr vom Norden aus Preußen drohte – darum hatte Josef II. die Prager Burg durch eine Verordnung vom Jahre 1781 in Artilleriekasernen umwandeln wollen, was die Prager strikt abgelehnt hatten – aber aus dieser Richtung war Prag durch die 60 km entfernte, an der strategisch wichtigen Landstraße nach Dresden und Berlin liegende Festungsstadt Theresienstadt geschützt. Die Prager Burg war vom Norden durch mächtige Schanzen mit mehreren Artilleriebastionen, die sich vom Kloster Strahov bis zum steilen Letná-Abhang erstreckten, vollkommen geschützt.

Viel bedeutsamer jedoch war, dass Prag mehr und mehr zum industriellen, wissenschaftlichen und kulturellen Vorfeld Wiens wurde. In den Jahren 1771–1772 wurde in Prag die erste wissenschaftliche Zeitschrift „Prager Gelehrte Nachrichten" herausgegeben, im Jahre 1774 die „Private Gelehrte Gesellschaft" gegründet. 1774 wurde am Vyšehrad der erste Blitzableiter installiert – die Erfindung des Tschechen Prokop Diviš (1696–1765), der bis zum heutigen Tag verwendet wird. Im Jahre 1777 wurde der Öffentlichkeit die Universitätsbibliothek im Klementinum zugänglich gemacht (die heute noch dort untergebracht ist). 1781 wurden am Altstädter Ring für die Öffentlichkeit der erste private Lesesaal und eine Leihbücherei mit 8000 Bänden geöffnet. Im Jahre 1782 wurde der Bau der neuen Bibliothek des Klosters Strahov in Angriff genommen.

1784 wurde eine Handschuhmanufaktur gegründet, die zur Basis der Lederindustrie wurde. Im Jahre 1787, als das Nostitz-Theater den „Don Giovanni" aufführte, wurde die Prager Textilindustrie von 7 Baumwollspinnereien, 12 Baumwollwebereien und 12 Kattunfabriken repräsentiert. Im gleichen Jahr wurde mit der deutsch-tschechischen Straßen- und Plätzebezeichnung begonnen. 1789 wurden die Gemeindeentbindungsanstalt und die Gemeindearmenanstalt für Kranke und Geisteskranke errichtet. Am 31. 10. 1790 führte P. Blanchard im Königlichen Wildpark den ersten bemannten Ballonflug vor, den er ein Jahr später anlässlich der Krönung Leopold II. wiederholte. Und der Gipfelpunkt all dessen: Anlässlich der Krönung wurde vom 21. 8. bis zum 14. 9. 1791 in Prag die erste Ausstellung von Industrieerzeugnissen in Europa veranstaltet!

Im Laufe der letzen zwei Jahrzehnte hatte die Prager Bevölkerung enorme gesellschaftliche Umwandlungen erfahren. Da ist noch der Aufbau des barocken Prags dazuzuzählen – Dutzende von Palästen

Prager Burg - Matthiastor

und Hunderte von Häusern, die man hier nicht einzeln nennen kann. Die Anmaßung der Prager, aus Prag die Hauptstadt der Monarchie zu machen, war also begründet.

Das Hauptproblem, das Leopold in Prag zu lösen hatte, wurde am 25. 9. 1791 anlässlich seines Besuchs in der Königlichen böhmischen Gesellschaft der Wissenschaften definiert. Er hörte sich da in der Ansprache von Josef Dobrovský (1753–1829) die tschechischen Sprachforderungen (also nationale Forderungen) an. Dieses Datum kann als Beginn der Bewegung der nationalen Wiedergeburt angesehen werden.

Ach woher denn! Man konnte doch die kaiserliche Residenz nicht in eine Stadt verlegen, wo einem der heiße Boden des nationalen Unfriedens unter den Füßen brennt! Solche Probleme löste man besser von Wien aus. Was die Machtposition anbelangt, spielten paradoxerweise die wissenschaftlichen, wirtschaftlichen und kulturellen Erfolge der Tschechen gegen sie selbst. Im Interesse des Habsburgerreiches als einem Ganzen war es notwendig, die Situation in Böhmen zu konsolidieren, und so wurde etwa einen Monat nach dem Zusammentreffen mit den tschechischen Gelehrten am 30.10. 1791 das kaiserliche Dekret über die Errichtung eines Lehrstuhls für die tschechische Sprache und Literatur an der Prager Universität erlassen.

Man sollte das Nationalitätenproblem in Böhmen im 18. Jahrhundert nicht mit den Augen des Jahres 1918 ansehen, als die tschechische Majorität den selbständigen Staat gründete. Damals, im 18. Jahrhundert erkannte die Habsburgermonarchie die wirtschaftliche und kulturelle Bedeutung von Böhmen und Mähren voll an, aber hinsichtlich der Nationalitäten machte sie keine Unterschiede. Die Sprache der gebildeten Menschen war ungeachtet der Nationalität das Deutsche, und die einheitliche amtliche Verkehrssprache wurde auch vom aufgeklärten Josef II. für einen Vorteil gehalten, und zwar nicht nur für die Kommunikation innerhalb der Staatsverwaltung, sondern auch vom Gesichtspunkt der Zugänglichkeit zur Bildung für alle Unertanen ohne Rücksicht auf ihre Nationalität aus. Ein weiterer Aspekt war die Möglichkeit für alle gebildeten Menschen, im staatlichen Dienst tätig zu sein, insbesondere dann der Zutritt ins Offizierskorps der Armee, dessen spezifische Bedeutung damals viel größer war als heute. Von diesem Gesichtspunkt aus erschien die Zweisprachigkeit als Komplikation. Z. B. im Schulwesen, dessen Niveau hervorragend, in der tschechischen Sprache (damals) aber undurchführbar war. Anderswo, (insbes. in der Armee) war diese Frage unlösbar, für die Monarchie also unannehmbar. Zwischen der Lebensweise der tschechischen und deutschen Bauern und der neu entstehenden Arbeiterschicht gab es keinerlei Unterschiede. Die Bildung in der Muttersprache trug hauptsächlich bei der Stadtbevölkerung erst zur Zeit der Entwicklung der Industrie ihre wahren Früchte. Die Tschechen hatten in der Zeit überhaupt noch nicht (staatliche) Selbständigkeit angestrebt – noch um 60 Jahre später hat F. Palacký (1798–1876) erklärt: Gäbe es kein Österreich, so müssten wir es schaffen. Ende des 18. Jahrhunderts bemühten sich die Tschechen um Gleichberechtigung auf ihrem eigenen Gebiet, denn ihre Fähigkeiten und Betätigungsmöglichkeiten wurden durch die Sprachbarriere unbestreitbar herabgesetzt. Und erst, als es ihnen im Laufe des ganzen folgenden Jahrhunderts nicht gelang, die Gleichstellung zu erreichen (denn die Monarchie hatte nicht die Absicht, das Reich durch Zerbröckeln in autonome Gebiete zu schwächen) und als der Erste Weltkrieg die Notwendigkeit der Schwächung des deutschen Einflusses in Europa gezeigt hatte, wurde die Selbständigkeit der slawischen Völker im Habsburgerreich – und unter ihnen insbesonders der Tschechen – auf die Tagesordnung gesetzt.

Befestigung von Wyschehrad - Jerusalemer Tor

Alter Königlicher Palast auf der Prager Burg

Befestigung von Wyschehrad

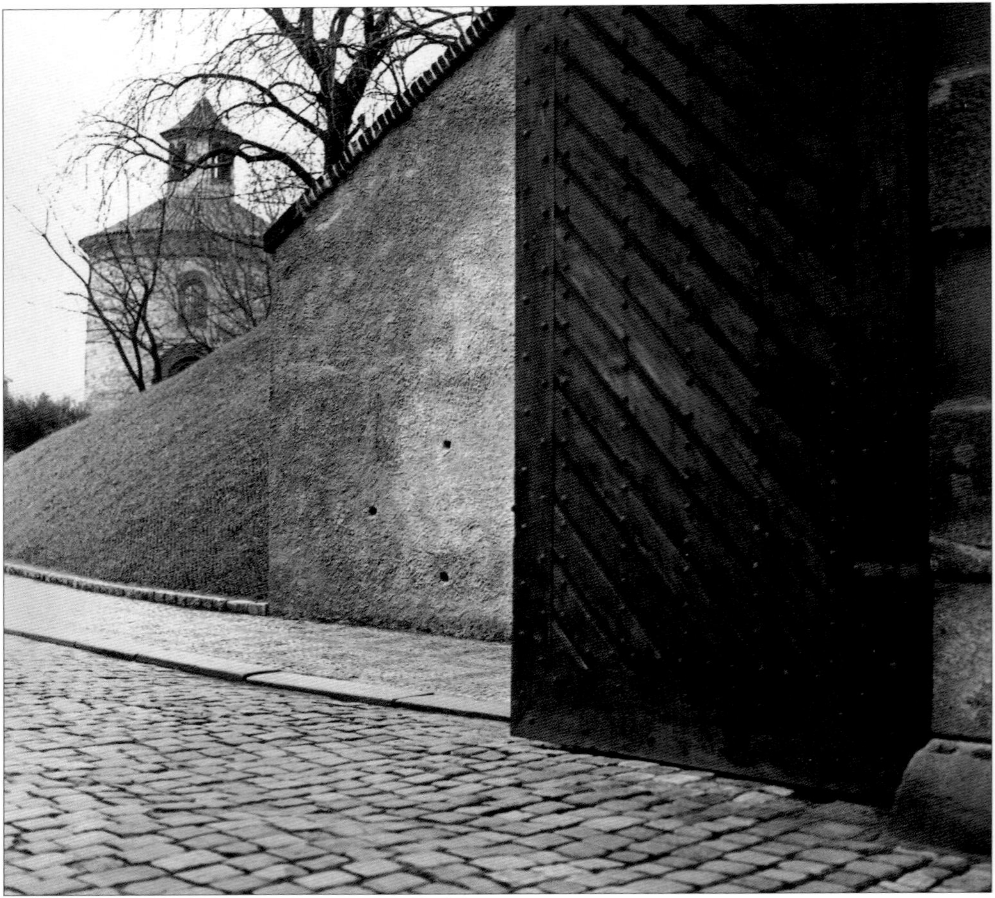

Ein Teil der Marienschanzen und der Prager Burg

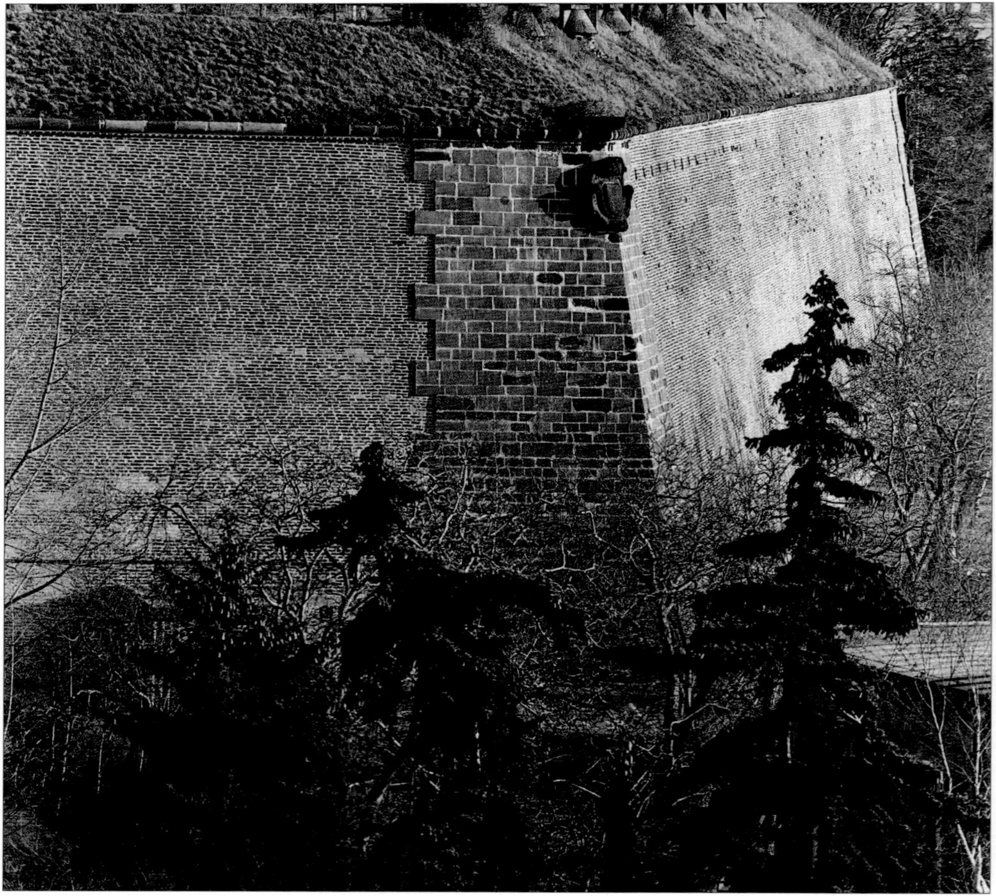

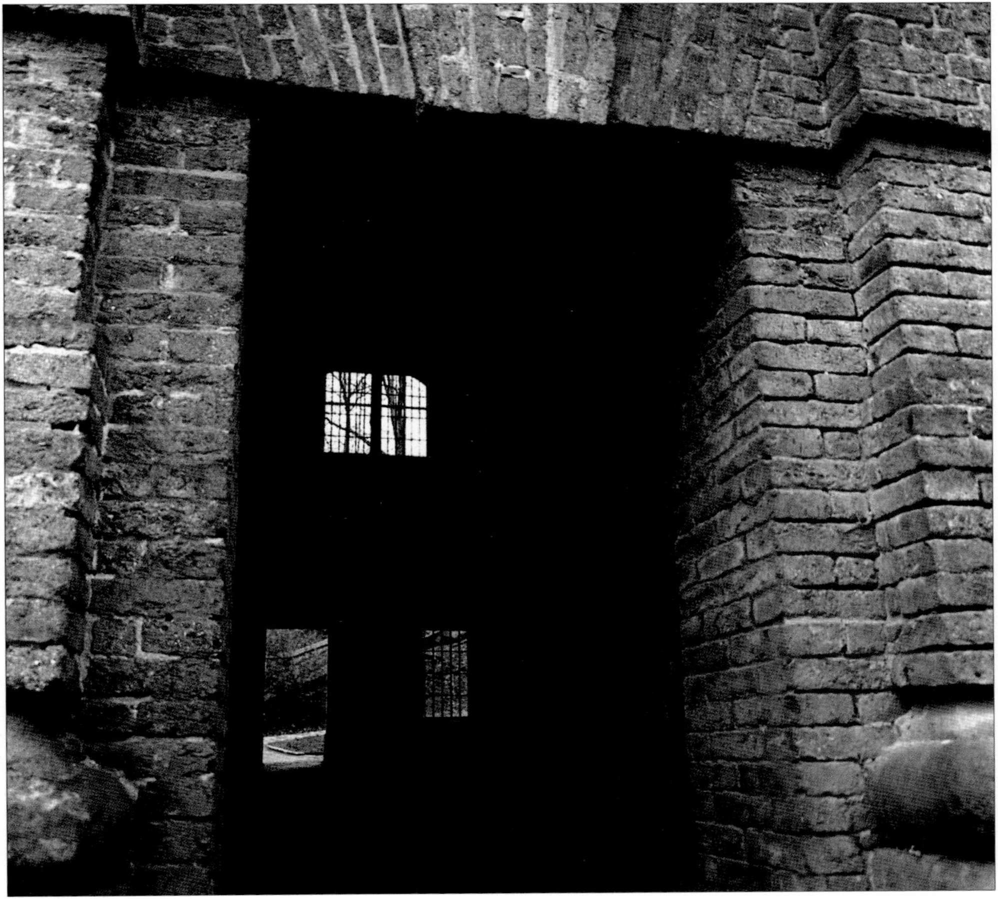

Eingang in die Kasematten von Wyschehrad

Karlshof-Befestigung - Neustädter Stadtmauer aus dem 14. Jh.

Marienschanzen

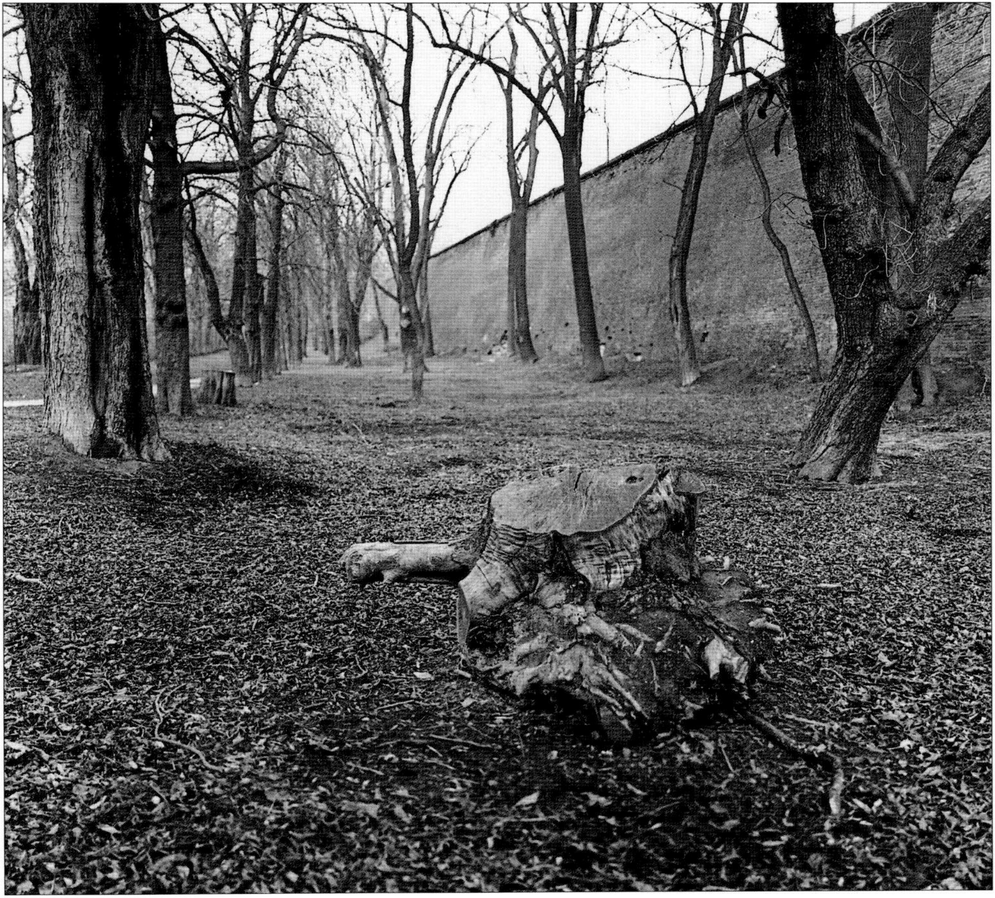

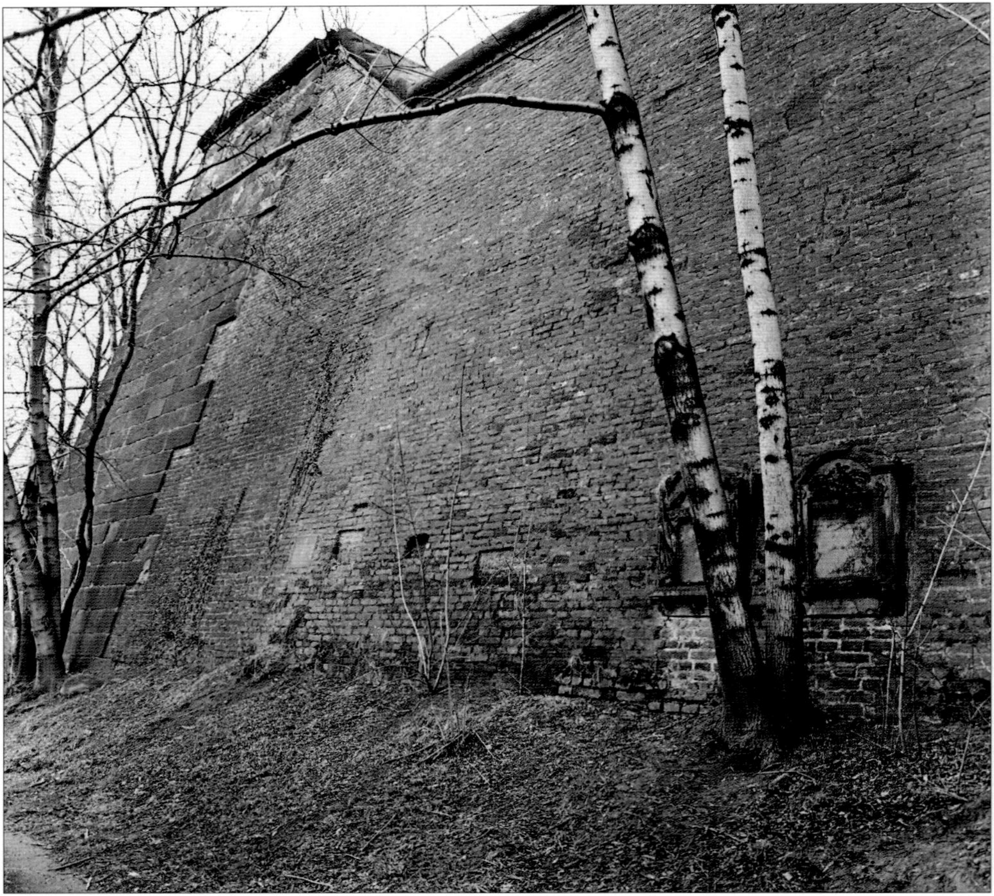

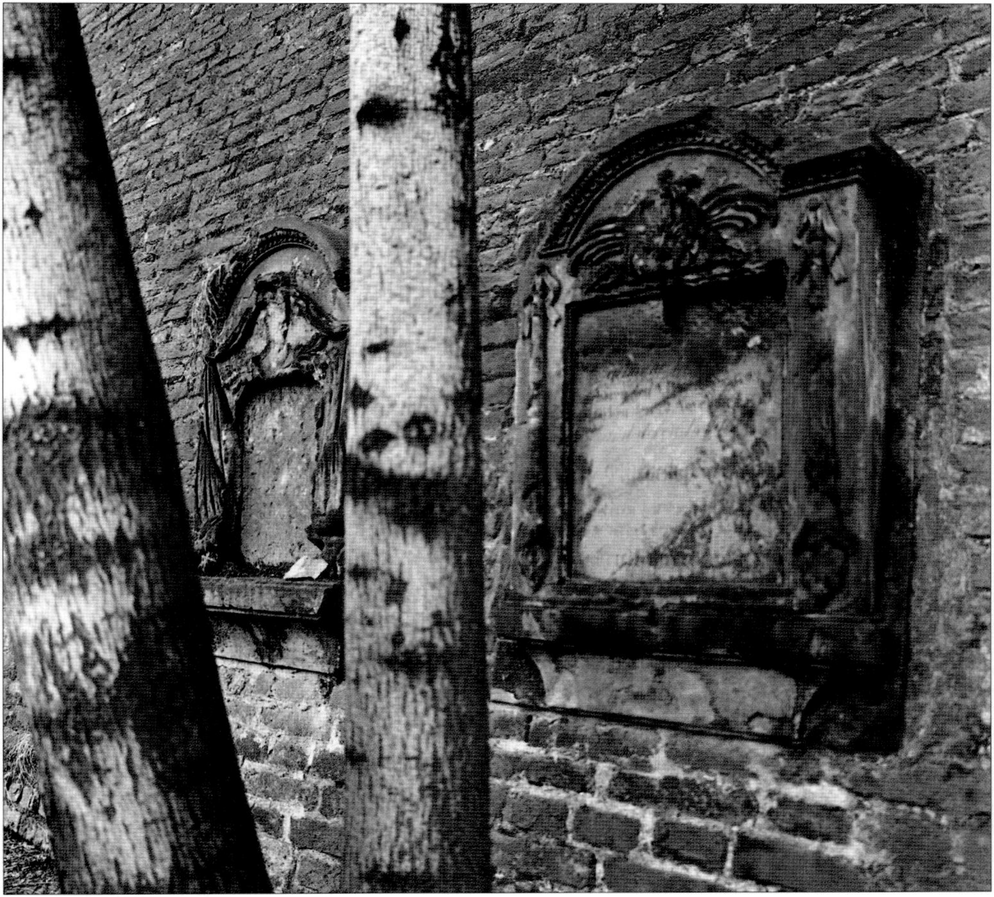

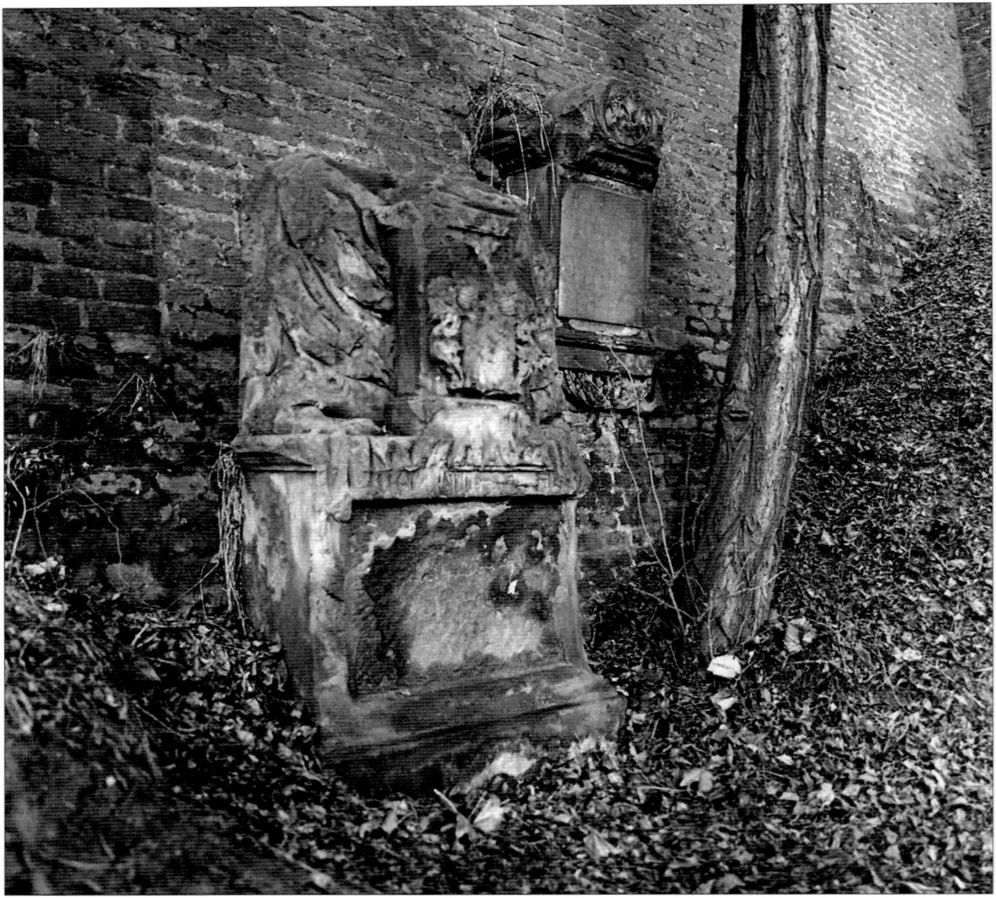

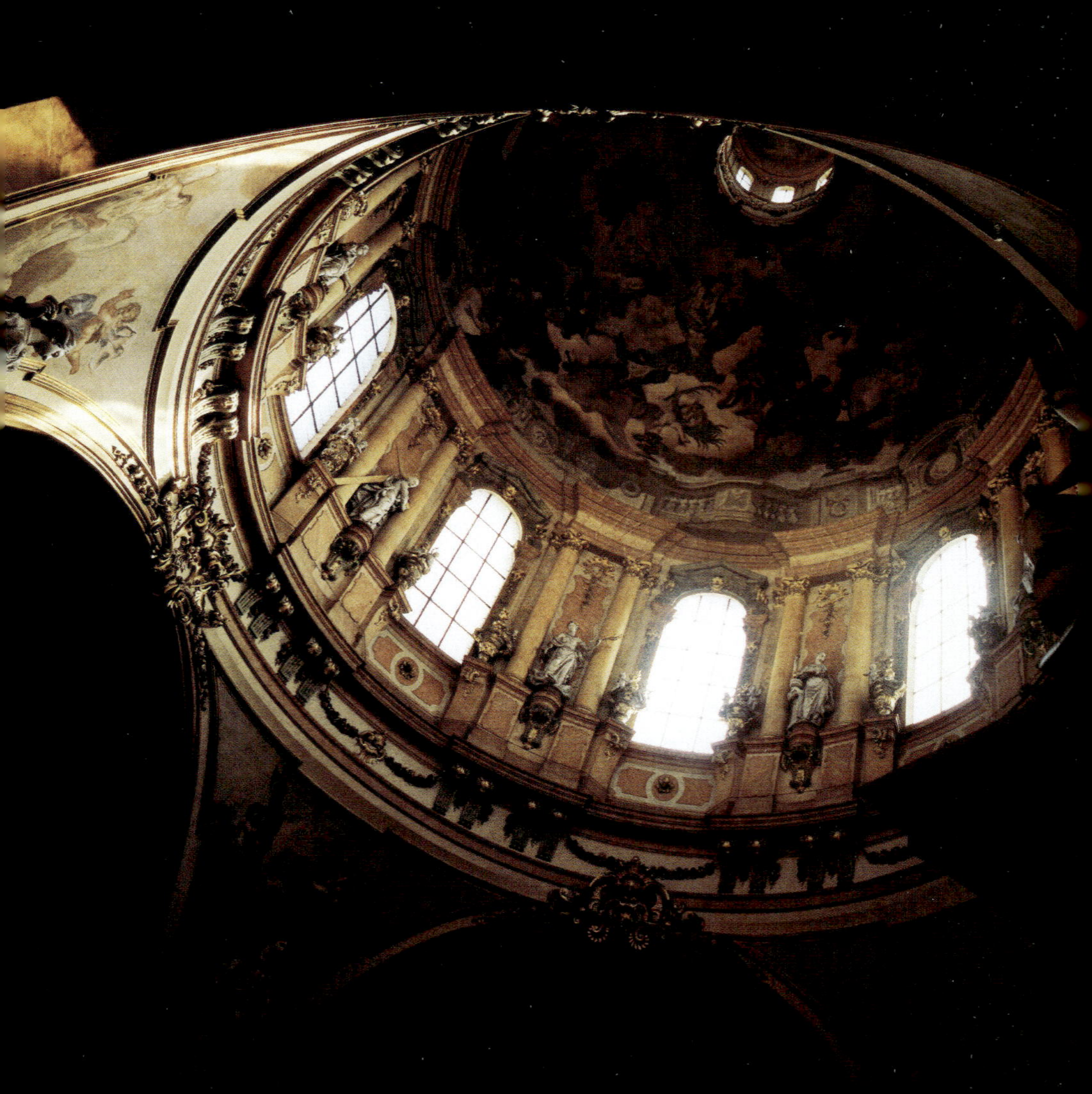

Bella mia fiamma, addio
Das Requiem

Nach der Rückkehr aus Prag 1791 war Mozart augenfällig physisch und psychisch erschöpft, Schikaneder bemühte sich, ihm zu helfen, lud ihn ins „Holzhäuschen" neben dem Theater ein, ließ ihm Wein und gutes Essen bringen, manchmal lud er Sänger ein, um Mozart eine gemütliche Atmosphäre zum Komponieren zu schaffen. Es ist wirklich fast unbegreiflich, wie solch ein zermürbter, an Schmerzen und psychischem Stress leidender Mensch, so schöne Musik zu schreiben zuwege brachte. Zu den Orchesterproben hatte er jedoch nicht mehr genügend Kräfte. Am Tag der Premiere kam er voller Angst und krankhaft blass ins Theater. Er dirigierte die Uraufführung vom Klavier aus selbst, aber sein Schüler und eigentlich auch Assistent (er hatte ihm beim Komponieren der letzten zwei Opern geholfen und ihn auch nach Prag begleitet) Franz Süßmayer (1766–1803) saß neben ihm, und zwar nicht nur, um die Noten umzublättern (der kurzsichtige Mozart spielte sowieso meistens aus dem Gedächtnis), sondern um ihn psychisch zu unterstützen – und im ärgsten Fall zu ersetzen.

Die in einfallsreichen Kulissen, mit häufiger Anwendung von technischen Bühneneffekten aufgeführte „Zauberflöte" hatte beim Publikum einen Riesenerfolg. Schikaneder konnte eben Theater machen! Der Erfolg der Oper hat auch die Neugierde von Salieri aufgestachelt, der sich das Werk in Begleitung seiner beliebten Sängerin ebenfalls anhören kam, und er hat alles – die Musik, das Libretto und die Aufführung – gelobt.

Constanze reiste sofort nach der Premiere wieder nach Baden ab. Warum auch nicht? Ihr Mann hatte allein im letzten Monat 1000 Gulden verdient und verfügte also über genügend Bargeld. Constanze hatte offensichtlich ebenfalls schauspielerisches Talent. Zwei Monate später hat sie die von Kummer gebeugte Witwe vorgeführt und musste von einem Arzt behandelt werden. Im Augenblick störte es sie aber nicht, dass sie ihren Mann am Ende seiner körperlichen Kräfte, in tiefer Depression und mit dem verhängnisvollen Auftrag für das Requiem verlässt.

Dieser Auftrag hat Mozart offenbar des Restes seiner Geisteskräfte beraubt. Er war nämlich überzeugt, dass irgendjemand seinen Tod geplant hatte, dass er ihn vergiftet hat – dadurch erklärte er sich seine körperlichen Beschwerden – und dass er das Requiem für sich selbst schreibt. Die Angst vor dem Tod hatte ihn befallen. Constanze wusste wahrscheinlich, dass niemand nach Mozarts Leben trachtete, deshalb hielt sie seine fixe Idee für unsinniges Fantasieren – und darum nicht der Rede wert.

Vorbei waren offenbar die Zeiten, als Wolfgang am 3. Oktober 1777 geschrieben hatte: „Ich esse wenig, trinke Wasser, nur zum Schluss ein Glas Wein zum Obst." Abends pflegte er die Vorstellungen seiner Oper zu besuchen, nachher ging er allein in die Bierstube, um ein Glas Wein zu trinken. Eines Tages schmeckte ihm der Wein nicht mehr, also hat er das Glas nicht ausgetrunken. Mitte Oktober fuhr er nach Baden, um Constanze abzuholen. Er nahm seinen siebenjährigen Sohn Karl mit, damit ihn wenigstens der kleine Junge begleitet. Er war in einem so schlechten Zustand, dass er sich fürchtete, allein zu fahren.

Es besteht kein Zweifel, dass Mozart ans Ende seiner psychischen Kräfte gelangt war. Solch ein Zustand tritt meistens nach dem Nachlassen der schöpferischen Kräfte ein – das Bewusstwerden dieses Rückgangs ist für den Betroffenen niederschmetternd, der „künstlerische Tod" wird auch zum menschlichen Tod, bei dem

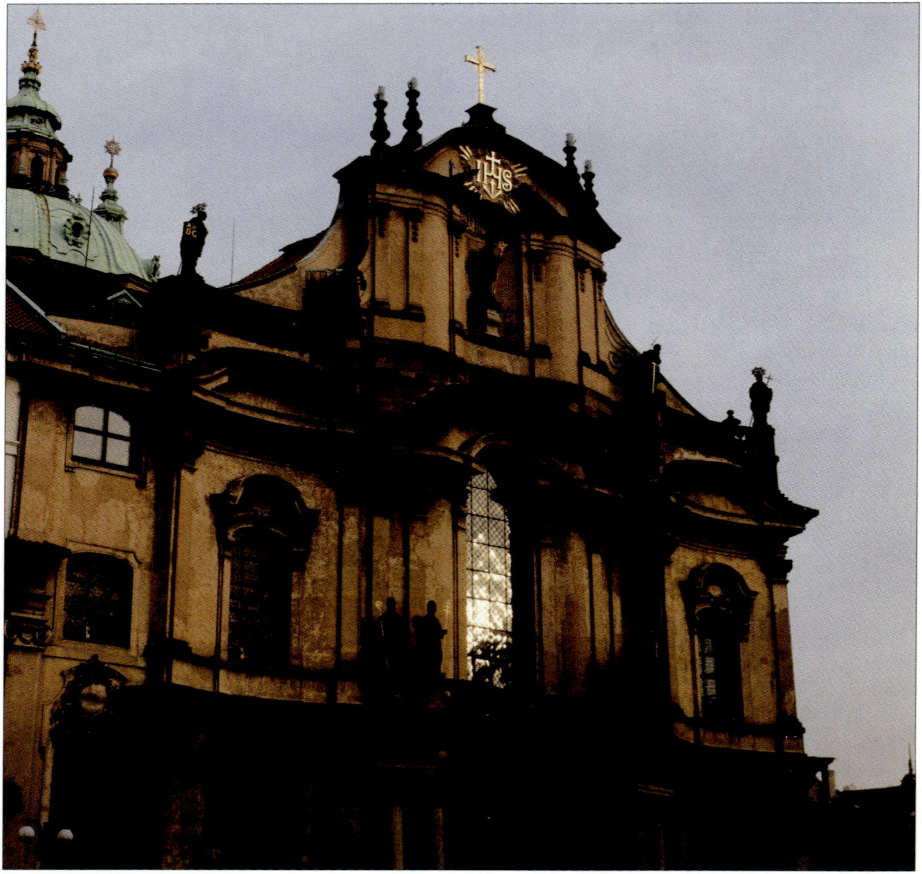
IHS

verschiedene, ja die verschiedensten psychischen Störungen zum Ausdruck kommen. Bei Mozart entspricht jedoch nichts diesem Modell. Der sofortige Erfolg der „Zauberflöte" und letzten Endes auch gute Nachrichten aus Prag über den günstigen Anklang des „Titus" hätten Mozart auf die Beine helfen sollen. Kurz nach der „Zauberflöte" hatte er noch die „Freimaurerkantate" komponiert, deren Aufführung er am 18. November dirigierte und beim Schlusschor mitsang. An diesem Tag hat sich Mozart das letzte Mal in der Öffentlichkeit gezeigt. Die Kantate erlangte begeisterten Anklang (später wurde sie zur österreichischen Hymne, was bezeugt, dass Mozart am Gipfel seiner schöpferischen Kräfte war) und darum muss einem der Satz erstaunlich vorkommen – falls er wahr ist – den er an jenem Abend nach der Aufführung der Kantate geäußert hat: „Ich muss wohl krank gewesen sein, als ich auf die widersinnige Idee gekommen bin, Gift herunterzuschlucken." Jener Satz könnte davon zeugen, dass Mozart vor kurzem (wahrscheinlich noch vor seiner Abreise nach Prag) in solch eine tiefe Krise geraten war, dass nicht „irgendjemand", sondern er selbst seinen Tod geplant hatte. Dass er durch kleine, binnen längerer Zeit eingenommene – um noch das „Requiem" beenden zu können – Dosen von Gift versucht hat, sich das Leben zu nehmen. Diese Version ist jedoch durch nichts nachgewiesen: Constanze war in der entscheidenden Zeit offensichtlich von sich selbst eingenommen und Mozart, im Gegensatz zu ihr, pflegte nie einen Arzt zu konsultieren. Die von Schikaneder dokumentierte Depression während der Vollendung der „Zauberflöte" hätte im Zusammenhang mit Mozarts ständigen rheumatischen Schmerzen und einem Nierenleiden stehen können.

Der Misserfolg bei Hofe nach der Thronbesteigung von Leopold II., der Mozarts Gönner war, hatten Mozart in tiefe Depressionen versetzen müssen, insbesondere wenn man bedenkt, wie sehr die Existenzbedingungen der Musiker von der Gunst der Mächtigen abhängig waren. Da Pontes Schicksal war Mozart bestimmt auch sehr nahe gegangen. Da Ponte, um den Mozart stets mit Salieri zu kämpfen hatte, war aus dem kaiserlichen Dienst entlassen und sogar des Landes verwiesen worden. Vor seiner Abreise hatte er Mozart aufgefordert mitzufahren – sie hätten in London sicherlich zusammen ein gutes Fortkommen gefunden. Da Ponte war ein tüchtiger Geschäftsmann – aber Mozart lehnte es ab: Er fühlte, dass er dazu nicht mehr genügend Kraft hatte. Die Verhältnisse bei Hofe waren nicht günstig, auch Josef Haydn war, allerdings freiwillig, abgereist – (ebenfalls nach London, und auch er hatte Mozart aufgefordert mitzufahren). Mozart bewarb sich aus Leibeskräften um die Gunst bei Hof, aber nur Prag half ihm edelmütig mit dem Auftrag für „Titus". Aber der väterliche Fluch: Das Gebot, ein Genie von Gottes Willen zu sein, ist in Erfüllung gegangen. „Du bist es Deinem außerordentlichen Talent, das Dir der allergütigste Gott verliehen hat, schuldig!", wetterte Vater Leopold (+) . Der Hof erkannte Mozarts Genialität nicht an.

(+) Aus einem Brief vom 12. 2. 1778.

Wenn man Mozarts Bigotterie bedenkt („Dieser Gottlose und Erzspitzbube Voltaire ist sozusagen wie ein Hund – wie ein Vieh krepiert. Das ist der Lohn!", hatte Wolfgang im Jahre 1778 aus Paris geschrieben), kann man sich vorstellen, dass Mozart seine Situation (besonders den Misserfolg in Frankfurt am Main) als Treuebruch an Gott aufgefasst hat, als eine nicht wiedergutzumachende Todsünde (und es war zu der Zeit wirklich nicht möglich, sie gutzumachen) und dass sein Leben, das Leben als Komponist und Kapellmeister, jeglichen Sinn Verloren hat.

Weiß Gott, was wohl mit Mozart geschehen wäre, wäre er im verhängnisvollen Jahr 1791 nicht gestorben. Wahrscheinlich hätte ihn Schikaneder zum Star des volkstümlichen Vorstadt-Theaters gemacht.

Die Tatsache, dass Mozart außer seinen körperlichen Beschwerden auch seelisch in solch einem Zustand war, den er nicht bewältigen konnte, steht ohne Zweifel. Ab Ende November (dem 21. 11. ?) musste er infolge von rheumatischen Entzündungen, die von Schwellungen, Unbeweglichkeit aller Gliedmaßen und unerträglichen, hauptsächlich bei Nacht eintretenden Schmerzen begleitet wurden, das Bett hüten. (Die Ursache der „nächtlichen Schmerzen" – die Bildung von saurem Mittel im Körper, das die entzündeten Stellen reizt und sämtliche Prozesse, auf die der Körper durch Schmerzen reagiert, einschließlich Geburtswehen, beschleunigt – hat die medizinische Chemie erst viel, viel später entdeckt.) Auch seelisch litt Mozart am meisten bei Nacht. Obwohl er behauptete, er hätte sich mit dem Tod abgefunden und dass er von ihm wohl nur Erlösung erwarten könne, litt er in Wirklichkeit an einer natürlichen Angst vor seinem Eintreffen. Der Tod ist eine Sache, das Sterben eine andere. Mit dem Tod kann der Mensch versöhnt sein, mit dem Sterben kann er sich jedoch nicht versöhnen – der Verlust des Selbsterhaltungstriebs, das ist das Geheimnis der wahren Selbstmörder.

Mozart ist volle häusliche Fürsorge zuteil geworden, nicht jedoch ärztliche! Erst, als nach 14 Tagen keine Besserung eingetreten war, wurde der Arzt gerufen. Der Arzt, der den Dienst in Schikaneders Theater versah, stellte sich erst nach der Vorstellung ein. Solch ein Mitleid mit dem Kranken und solch ein ärztlicher „Notdienst" sind Gott sei Dank längst Vergangenheit. Der Arzt wollte dem Patienten vom hohen Fieber abhelfen und gab ihm deshalb eine Essigkompresse auf die Stirn – in der Nacht. Mozarts Organismus reagierte darauf mit einem Zittern, das zur Bewusstlosigkeit – und dem letzten Atemzug führte. Dies ereignete sich am 5. Dezember 1791 um ein Uhr nach Mitternacht.

In der Zeit galten die von Josef II. erlassenen, Beerdigungen betreffenden, „Sparvorschriften". Die Toten mussten bei Nacht aus der Stadt auf entlegene Vorstadtfriedhöfe gebracht und in gemeinsame Gräber ohne Bezeichnung – für je 4 Erwachsene und 2 Kinder – gelegt werden. Auch Mozart wurde auf solch eine Weise beerdigt.

Da die Witwe kein Geld hatte – Mozart hatte vor 2 Monaten über 1000 Gulden verdient, zu Hause waren jedoch nur 60 davon übrig geblieben – wurde das billigste Begräbnis für 11 Gulden und 56 Kreuzer bestellt. Die Weihe der sterblichen Überreste fand am 6. Dezember nachmittags ohne Musik unter freiem Himmel vor dem Stephansdom statt. An der kurzen Zeremonie nahmen lediglich Verwandte und engste Freunde teil. Die von Kummer gebeugte achtundzwanzigjährige Witwe hatte sich sofort vom Arzt behandeln lassen, sich für krankerklärt und war daheim geblieben, denn sie konnte doch mit so einer Schande, wie es Mozarts Begräbnis war, den Leuten nicht unter die Augen treten. An der Beerdigung am folgenden Tag nahm niemand mehr teil, so dass die genaue Stelle von Mozarts letzter Ruhestätte niemand bekannt war. Spätere Nachforschungen nach den sterblichen Überrres-ten von Mozart und deren Identifizierung waren schwierig und dauerten lange.

Ein weitaus würdevollerer Abschied von Mozart fand in Prag statt. Bloße 8 Tage nach der Seelenmesse in Wien, am 14. 12. 1791, wurde in der größten und schönsten Barockkirche – der St.- Niklas-Kirche – eine Totenfeier abgehalten, an der über 4000 Trauergäste teilnahmen! Die Glocken läuteten eine halbe Stunde lang! Es spielten an die 120(!) der besten Musiker unter Mitwirkung der Sängerin – Josefina Dušková.

Im Gedenkbuch der St.-Niklas-Kirche auf der Kleinseite, das im Jahre 1628, als der Jesuitenorden die Kirche übernommen hatte, angelegt und seitdem sorgfältig weitergeführt wurde, ist die denkwürdige Trauerfeier für Mozart nicht verzeichnet. Wie ist das möglich? Nach der Auflösung des Jesuitenordens im Jahre 1773 waren die Glocken vom Glockenstuhl heruntergeholt worden, so dass nicht ganz klar ist, woher das halbstündige Läuten 1791 herrührte.

Es war alles ganz anders. Der großartige Prager Abschied von Mozart ist wohl eine von den unzähligen Prager Legenden, deren diese romantische Stadt so voll ist.

In jeder Rede ist jedoch ein Körnchen Wahrheit. Selbst wenn nur eine Legende, so zeugt auch sie davon, welch eine reiche Stadt Prag war, wie sehr sich ihre Bürger danach sehnten, Wien an Kulturstand zu überbieten. Jenes Wien, wo auch der Kaiser für seinen Hofkomponisten tief in den Beutel zu greifen hatte – und in welch einem schäbigen und löchrigen Mantel stand die Habsburger-monarchie knapp vor der Jahrhundertwende da. Prag war schon damals, auch ohne Kaiser, eine kaiserliche, eines Herrschers werte Stadt, was dann der Erfolg der tschechischen nationalen Wiedergeburt im 19. Jahrhundert bestätigte. Geld trägt immer den Sieg über die Ideologie davon, und Leopold II. ahnte nicht, welch schicksalhaften Fehler er gerade vor 3 Monaten begangen hatte, als er das Angebot der Prager Bürgerschaft und Zünfte abgelehnt hatte.

In Wien wurden Wohltätigkeitssammlungen und Konzerte für die arme Witwe veranstaltet. Wie rührend!

Nachdem Mozart aus dieser Welt gegangen war, hat die von Gram gestärkte Witwe für seinen Ruhm Sorge getragen. Zunächst hat sie dem preußischen König die bestellten Kompositionen zugesandt, und während in Wien Kreuzer um Kreuzer eingesammelt wurde, hat Constanze vom preußischen König fast 4000 Gulden einkassiert. Die Schuld von 1415 Gulden bei Puchberg hätte leicht beglichen werden können, wurde es aber nicht. Süßmayer vollendete das Requiem, und Constanze erhielt das Honorar – etwas mehr als 400 Gulden. Es ist offensichtlich, dass Constanze einen perfekten Überblick über Mozarts Finanzen hatte und wusste, auf was für großem Fuß sie sich zu leben leisten konnte (siehe die zwölf Wiener Übersiedlungen) – die Schulden mit eingerechnet, damit es Mozart nicht an Motivierung zu seinen Bemühungen, möglichst viel zu verdienen, mangelte. Als Mozart zur Zeit der Vollendung der „Zauberflöte" in die fröhliche Gesellschaft von Schikaneder zu gehen begann – wo er in Aussicht aufs Honorar hätte Schulden machen können – täuschte Constanze Eifersucht vor – sie selbst jedoch, seit kurzem neuerdings schwanger, verbrachte die Tage im Kurort Baden keineswegs mit ihrem kranken Mann, sondern mit seinem um 4 Jahre jüngeren Assistenten Franz Süßayer (1766–1803). Man muss also nicht darüber spekulieren, wohin die verhältnismäßig hohen Einkünfte von Mozart geraten sind. Man muss nicht mühselig in Belegen nachforschen, wie viel Gulden er im Billard verloren oder beim Wein verzecht hat. Man kann sich dessen gewiss sein, dass der Betrag nicht die Höhe seiner Schulden erreicht hat. Wenn auch der Billardtisch und das Klavier dem Pfandhaus gehörten, Mozart war der einzige Luxus übrig geblieben – das Reitpferd.

„Frau von Mozart" vergaß auch nicht Prag, wo ihr Mann einen so hohen Musikkredit hatte, im geeigneten Moment hat sie sich auch an Wolfgangs Anfänge – „das Wunderkind" erinnert. Sie veranstaltete am 15. November 1797 im Nostitz-Theater ein Konzert, wo ihr sechsjähriger Sohn Franz Xaver eine Arie aus der „Zauberflöte" sang. Die „Zauberflöte" wurde in Prag zum ersten Mal am 25.10.1792 aufgeführt, und am 1.11.1794 wurde sie als die erste mozartische Oper in tschechischer Übersetzung im „Vlastenecké divadlo" (Vaterländisches Theater) aufgeführt, das damals bereits im Hibernerpalast (Palais „U Hybernů") siedelte.

Am meisten begann sich Mozarts Ruhm nach dem Jahre 1800 zu verbreiten, als seine Werke im Druck zu erscheinen anfingen. Damals begannen auch die meisten Honorare einzutreffen.

Als Constanze nach ihrer zweiten, 17 Jahre dauernden Ehe ein zweites Mal Witwe wurde, lebte sie ab 1826 die letzten 16 Jahre ihres Lebens in Salzburg. Warum sich die reiche „Frau von Nissen" gerade dort niedergelassen hat, ist nicht bekannt.

Gedenken wir noch der Maria Anna – des „Nannerls". Sie hatte am 23. 8. 1784 doch noch – wenn auch nicht aus Liebe – mit 33 Jahren geheiratet, und zwar den 48-jährigen Hofrat Johann Baptist

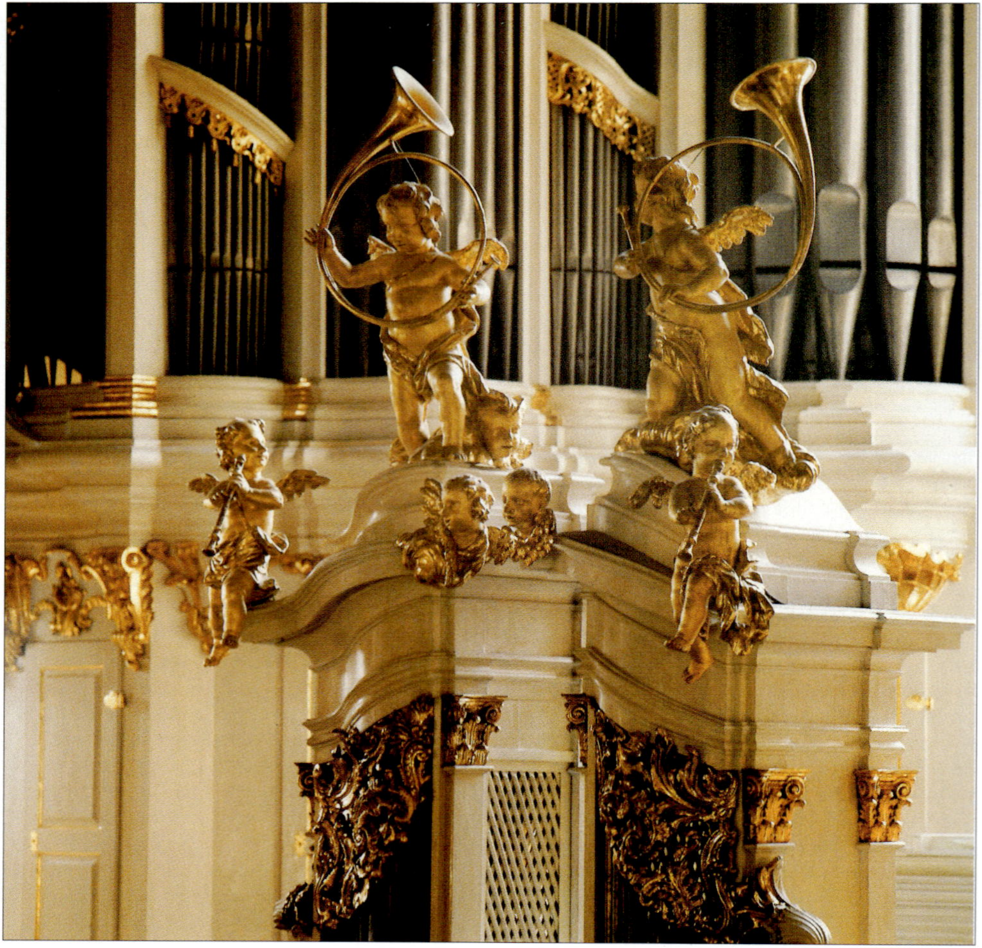

Freiherrn von Berchtold auf Sonnenburg (1736–1801), einen Witwer mit fünf Kindern, ist mit ihm nach St. Gilgen gezogen, wo sie nach Salzburg zurückgekehrt, wo sie 1829 in ihrem 77. Lebensjahr blind starb. Sie wohnte dort in der Nähe ihrer Schwägerin Constanze, mit der sie sich jedoch schlecht vertrug. Sie wusste wohl, warum.

Und so müssen wir zum Jahre 1782 zurückkehren, als Vater Leopold Mozart sich so hartnäckig weigerte, dem Sohn die Einwilligung zur Heirat mit Constanze zu geben. Ja, gehen wir noch um 4 Jahre weiter zurück, zum 12. 2. 1778, als in einem Brief von Leopold zu lesen ist: „Tausendmal habt Ihr Euch davon überzeugt, dass mir der liebe Gott einen gesunden Verstand gegeben hat und dass ich schon oftmals einen Ausweg aus den verworrensten Angelegenheiten gefunden und eine Menge von Sagen vorausgesehen und erraten habe... Mein Sohn, sieh mich lieber als Deinen aufrichtigsten Freund, als den strengen Vater an."

Es kam schließlich alles ganz anders.

Wolfgang Amadeus Mozart hat über 650 Werke komponiert, die 220 Stunden Musik füllen.

Prag ist bis zum heutigen Tag voller mozartischer Musik. Es vergeht kein Tag, in dem sie nicht da oder dort in einem Konzert erklingt, keine Woche, in der sie nicht als Kammermusik in einem der Theater ertönt. Und es vergeht kein Monat, in dem sie nicht auf einer der führenden Bühnen aufgeführt wird. Nach zweihundert Jahren, am Anfang des dritten Jahrhunderts nach Mozarts Tod, bewahrt Prag immer noch das lebendige Vermächtnis „seines" Mozarts.

(Prag, frühmorgens am 4. 1. 1999.)

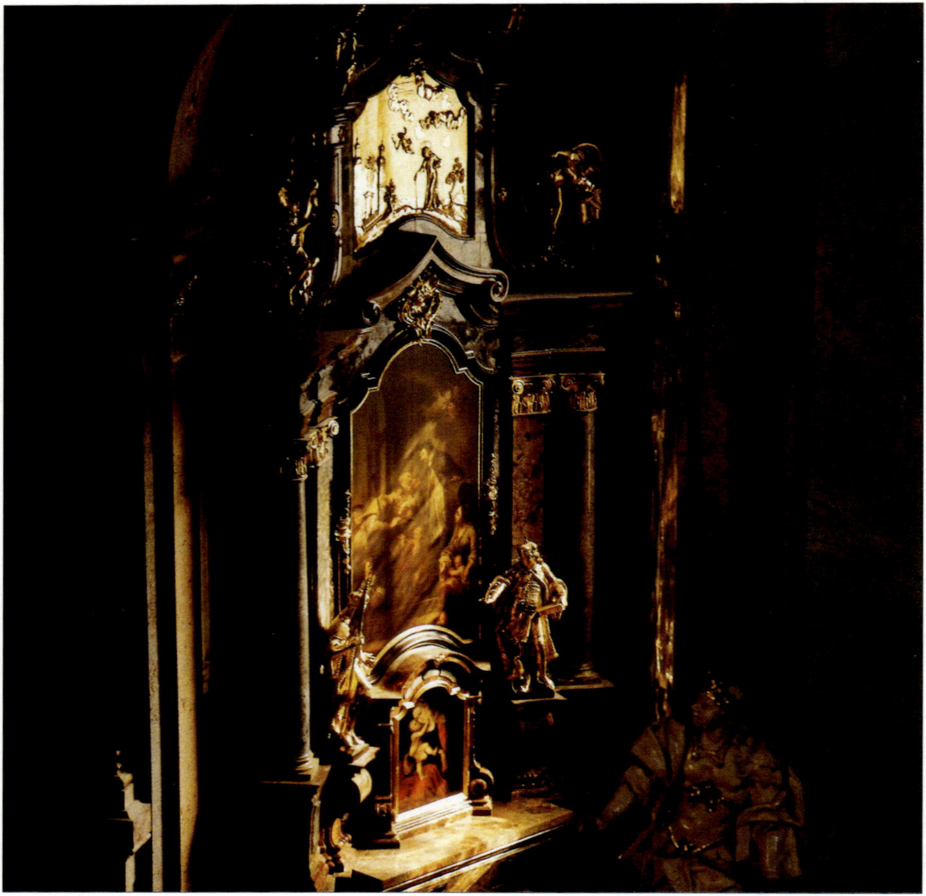

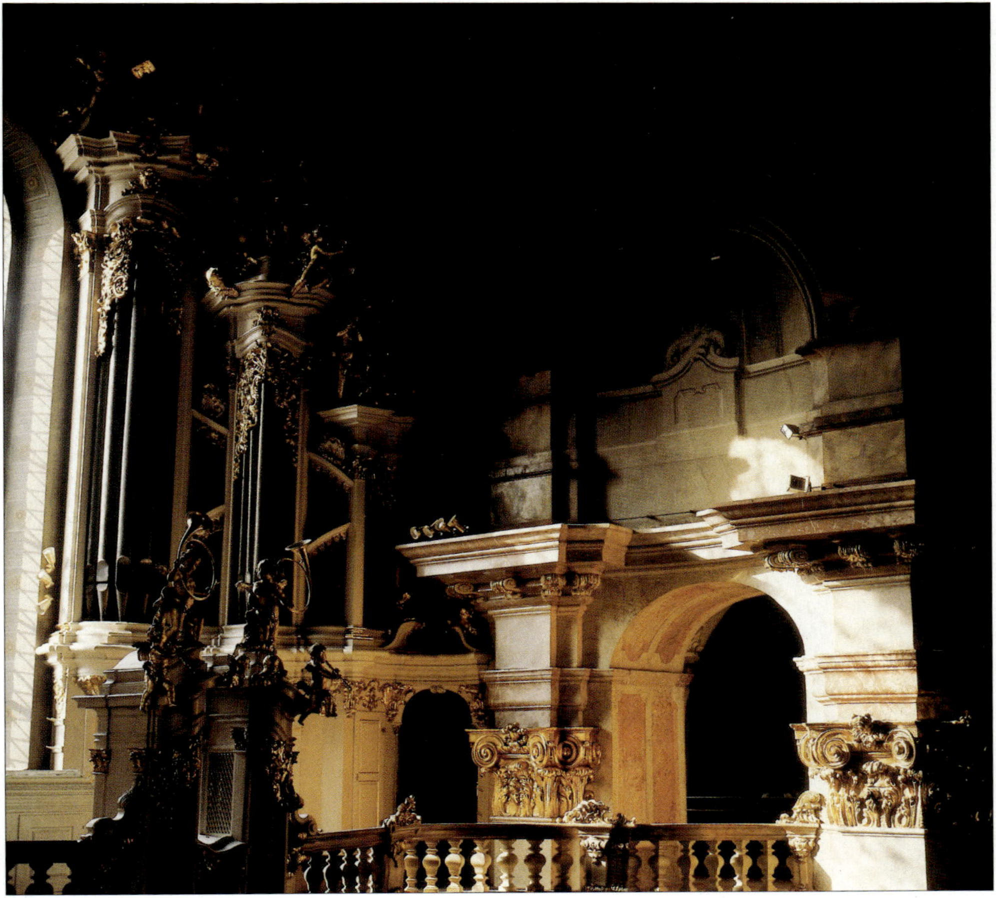

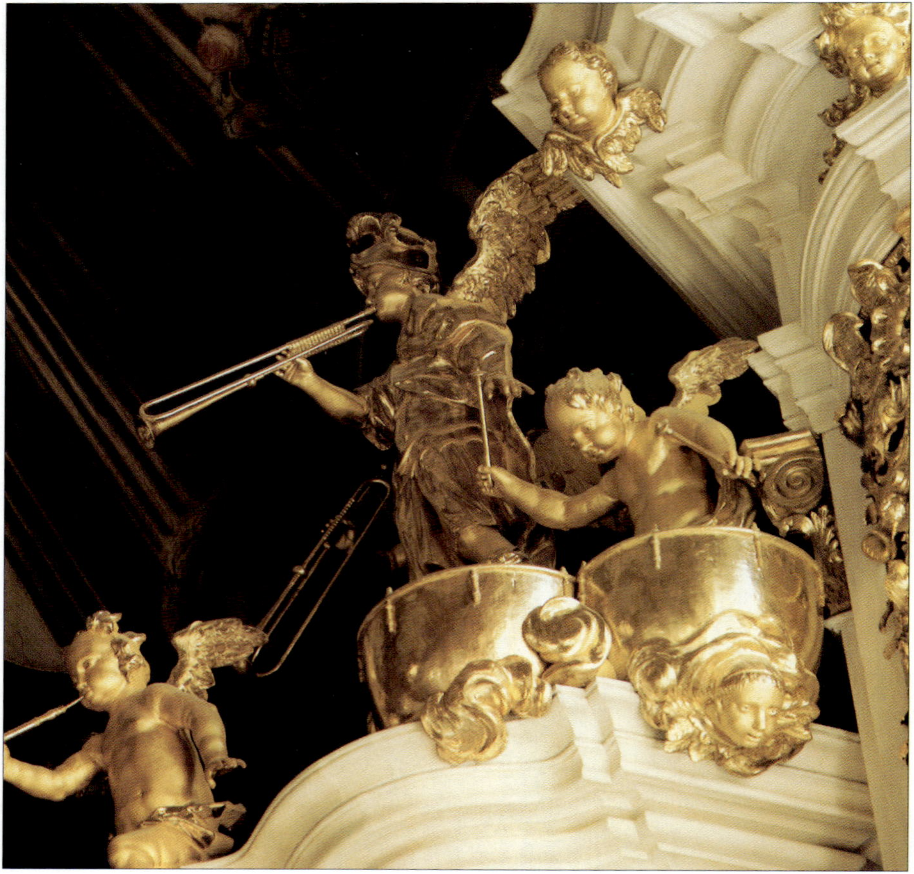

Meine...

...schöne...

...Flamme...

...adieu

Technische Anmerkung

Alle Fotografien für dieses Buch wurden im Oktober 1998 aufgenommen und bis Jänner 1999 ergänzt. Format des Negativs 6 x 6 cm mit Objektiven 50, 80, 250 und 350 mm und Extender 1,4 x und 2 x. Die Marke der Kamera führe ich nicht an, da der Erzeuger das Ansuchen um eine Sponsorenzuwendung verweigert hat. Das Fotomaterial wurde von der Firma Foto-technika – das Videomaterial von Milan Škoda geliefert. Die Farbfilme wurden im Labor der Thalia Picta GmbH entwickelt.

Die Zeitangaben über die geschichtliche Entwicklung Prags wurden aus dem Buch „Dějiny Prahy v datech" (Geschichte von Prag in Daten) geschöpft, bearbeitet vom Autorenkollektiv unter der Leitung von PhDr. Zdeněk Míka, CSc., herausgegeben vom Verlag Panorama im Jahre 1988.

Die Zitationen von Mozarts Briefen stammen aus dem Buch „Mozart v dopisech" – (Mozart in Briefen), Editor František Bartoš, herausgegeben von Editio Supraphon 1991.

INHALT

TEXTE

Der Mann ohne Grab	21
Einleitung	23
Die Prager Symphonie	25
Don Giovanni	57
Die Zauberflöte	83
Cosi fan tutte	101
Eine kleine Nachtmusik	115
Die Entführung aus dem Serail	145
Die Hochzeit des Figaro	159
Edelmut des Titus (La clemenza di Tito)	177
Requiem	209

BILDER

Gärten unter der Prager Burg	7
Bertramka	81
Abteikirche der Mariä Himmelfahrt am Strahov	100
Eine kleine Nachtmusik	112
Prager Burg	158
St.-Niklas-Kirche auf der Kleinseite	208

Danksagung

An dieser Stelle ist es gehörig, allen jenen zu danken, die dem Autor geholfen und ermöglicht haben, dieses Buch zu verfassen und herauszugeben.

Was Sponsoren betrifft, gibt es niemandem zu danken.

Um so mehr und mit großer Freude möchte ich jenen meinen Dank aussprechen, die Verständnis erwiesen und durch ihre Aktivität zur Vollendung des Buches beigetragen haben. Es handelt sich um folgende Persönlichkeiten und Institutionen (dem tschechischen Alphabet nach):

Prager Erzbischöfliches Amt, namentlich Herrn Pavel Konzal,

Bertramka, W. A. Mozart-Museum, namentlich Frau Direktorin PhDr. Vlasta Cibulová,

Königliches Prämonstratenser Chorherrenstift Strahov,
S. Gnaden Michal Josef Pojezdný, Abt von Strahov, O. Praem.,
ebd. Herrn JUDr. Jan Kavka,
ebd. dem Herrn ehrw. Bruder Vilém Štěpán, O. Praem.,

Museum der tschechischen Musik, namentlich Frau Direktorin PhDr. Markéta Hallová,

Original Musiktheater Prag, namentlich dessen künstlerischer Leiterin Frau Renée Nachtigallová, UNUICA GmbH, namentlich Frl. Ivana Kapková.

Vydalo nakladatelství KVARTA
jako svou 145. publikaci
vydání 1., Praha 2002
Text lektorovala: Ludmila Korečková
Německý překlad Inge Lojdová
Jazyková spolupráce doc. PhDr. Leoš Houska
Vazbu navrhli a graficky upravili
Vladimír Kintera a Ludvík Báča

Počet stran 228, náklad 1000 výtisků

ISBN 80-86326-33-0

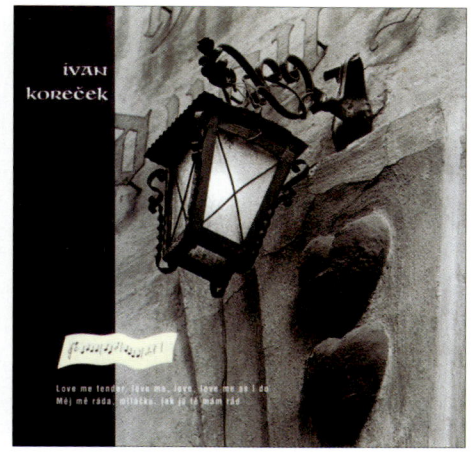

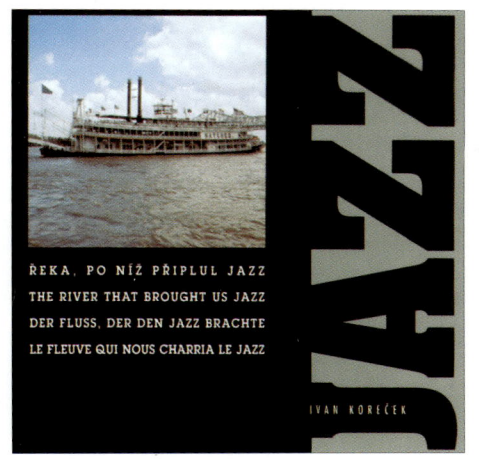

FOTOGRAF DR. IVAN KOREČEK (nar. 1936) absolvoval Právnickou fakultu Karlovy Univerzity v Praze a od roku 1958 se zabývá kromě fotografické tvorby také dějinami, estetikou a teorií fotografie. Vedle fotografií Prahy, kde se narodil a prožil celý život – knižně vydány „Inzerát na město, ve kterém chci stále bydlet", „Malá noční rapsodie" a záběrů ze života Pražanů „U Dvou srdcí", hledá nové pohledy na cizí země, které sám také literárně doprovází. Dosud vydáno „Cestou necestou", „Řeka, po níž připlul jazz".

The photographer Ivan Koreček, born in 1936, graduated from the Law Faculty of Charles University, Prague, and has been engaged in photography as well as history, aesthetics, and the theory of photography since 1958. He was born and has lived all his life in Prague, and the city and the life of its people are a frequent subject of his photographis - he has published "An Advertisement for a Town Where I Always Want to Live" "At Two Harts". Apart from that, he searches for new views of foreign countries, which he accompanies by his own essays. He has published "Through thick and thin", "The River that brought us Jazz".

Der Fotograf Dr. Ivan Koreček (geb. 1936) absolvierte die Juristische Fakultät der Prager Karlsuniversität und beschäftigt sich seit 1958 intensiv mit Geschichte, Ästhetik und Theorie der Fotografie. Im Vordergrund seines Interesses stehen Genreaufnahmen mit psychologischen Bildtexten sowie Fotografiezyklen, die fremde Länder von neuen Blickwinkeln aus zeigen. Korečeks Werke sind meist durch Literatur inspiriert und nicht selten auch mit eigenen literarischen Texten versehen. Der geborene Prager Koreček verbrachte fast sein ganzes Leben in Prag. Er widmet nicht zuletzt deshalb seiner Heimatstadt einen großen Teil seines Schaffens. Dabei steht der Wunsch im Vordergrund, die einzigartige „Inserat auf die Stadt wo ich ewig leben will" Atmosphäre Prags in Bildern zu bannen. Bisher ausgegeben „Über Stock und Stein", „Der Fluss, der den Jazz brachte", „Zum Zwei Heizen" und „Eine kleine Nachtrhapsodie".

Ivan Koreček (* 1936) photographe, écrivain et avocat ą Prague, apres avoir terminé ses études ą la Faculté de Droit de l'Université Charles, se consacre depuis 1958 ą la photographie en pratique et en théorie, ą l'historie, ą l'esthetique. Outre un intérżt passionné pour la ville de Prague, oĘ il est né et vit depuis (voir, par exemple, son recueil "Livre d'annonces sur la ville que je veux bien habiter pour toujours"), ainsi que pour la vie quotidienne des Pragois, il pointe son regard unvestigateur sur d'autres pays dans le monde, tout en accompagnant ses photos de commentaires peu communs. Du meme auteur "En prenant le chemin des écoliers" ą, "Le fleuve qui nous charria le jazz" ą, "De Deux Coeurs".